Pearl S. Buck, 1892 in West-Virginia/USA geboren, kam mit ihren Eltern, die in der Mission tätig waren, im Alter von fünf Monaten nach China. Dort verbrachte sie, mit Unterbrechung während ihres Studiums in den USA, vierzig Jahre ihres Lebens. 1932 erhielt sie für ihren Roman ›Die gute Erde‹ den Pulitzerpreis. 1938 wurde sie als erste Amerikanerin mit dem Nobelpreis für Literatur ausgezeichnet. Sie starb 1973 in Danby, Vermont/USA.

China. Gestern und heute ist das letzte Buch der Nobelpreisträgerin über das Land, das sie so sehr liebte und in dem sie die längste Zeit ihres Lebens verbrachte. Es erschien im Jahr vor ihrem Tod und schließt an ihren Erinnerungsband ›Ruf des Lebens‹ an. Doch während sie dort von ihrer persönlichen Geschichte ausging, stehen hier das Land und seine Geschichte, seine Menschen im Vordergrund.
Verwoben mit eigenen Erinnerungen erzählt Pearl S. Buck die Geschichte Chinas von den Anfängen bis 1972: von Konfuzius bis zu Mao Tse-tung und den zerstörerischen Auswirkungen der Kulturrevolution. Sie berichtet von den Traditionen in Dynastien und Familie, von Wandel und Kontinuität in der Historie, vom Erziehungswesen, von der Entwicklung in Landwirtschaft und Industrie, von der chinesischen Küche, vom Pandabären, von Akupunktur und der chinesischen Medizin und von vielen ganz persönlichen Begegnungen.
Ein Buch, das den Blick des Lesers schärfen kann für vielerlei Aspekte des chinesischen Alltags.
Mit 41 ganzseitigen Schwarzweißfotos von Fotografen der berühmten Fotoagentur ›Magnum‹.

Im Fischer Taschenbuch Verlag sind zahlreiche Bücher von Pearl S. Buck lieferbar; darunter die berühmten Romane ›Das Haus der Erde‹ (Trilogie; Bd. 11663), ›Die Frauen des Hauses Wu‹ (Bd. 8387) und ›Ostwind-Westwind‹ (Bd. 11661).

Pearl S. Buck

CHINA
Gestern und heute

Aus dem Amerikanischen
von Heinrich Graf von Einsiedel

Mit Fotografien von
René Burri, Henri Cartier-Bresson,
Hiroshi Hamaya, Marc Riboud
und Helen Snow

Fischer Taschenbuch Verlag

Die Fotos stammen von folgenden Fotografen der Agentur MAGNUM: René Burri: Seiten 17, 45, 57, 61, 69, 75, 95, 109, 115, 183, 207 – Henri Cartier-Bresson: Seiten 9, 33, 39, 49, 53, 125, 129, 155, 167, 175, 177 – Hiroshi Hamaya: Seite 23 – Marc Riboud: Seiten 13, 59, 67, 79, 87, 93, 99, 103, 119, 133, 143, 147, 151, 163, 189, 195 – Helen Snow: Seite 65

Die Verse auf Seite 85 wurden mit Genehmigung der Cambridge University Press dem Werk *Science and Civilisation in China* von Joseph Needham entnommen, zitiert in *The Soul of China* von Amaury de Riencourt.
Der Auszug auf Seite 144 wurde mit Genehmigung des *Christian Science Monitor* dem Beitrag »A visitor looks at education in China« von Charles Mossop entnommen, erschienen in *The Christian Science Monitor* vom 22. April 1972. Copyright © The Christian Science Publishing Society. Alle Rechte vorbehalten.
Der Auszug auf den Seiten 157f wurde mit Genehmigung des Verlages G.P. Putnam's Sons dem Buch *The Revenge of Heaven* von Ken Ling entnommen. Copyright © 1972 by Dr. Ivan London und Miriam London.
Der Auszug auf den Seiten 161f wurde mit Genehmigung des Verlages Coward, McCann and Georghegan, Inc. dem Buch *The Soul of China* von Amaury de Riencourt entnommen. Copyright © 1958 by Amaury de Riencourt.

Veröffentlicht im Fischer Taschenbuch Verlag GmbH,
Frankfurt am Main, Juli 1996

Lizenzausgabe mit freundlicher Genehmigung der
F. A. Herbig Verlagsbuchhandlung GmbH, München
Die Originalausgabe erschien unter dem Titel
›China – Past and Present‹ bei The John Day Company, New York

Gesamtherstellung: Clausen & Bosse, Leck
Printed in Germany
ISBN 3-596-13186-3

Gedruckt auf chlor- und säurefreiem Papier

I

Meine frühesten Erinnerungen sind vom Volk Chinas geprägt. Ein freundliches chinesisches Gesicht, ein Frauengesicht, ist das erste, woran ich mich erinnern kann. Für mich verkörperte es gleichermaßen Liebe und Autorität. Es war das Gesicht meiner chinesischen Kinderfrau: kein junges Gesicht, denn sie war schon die Kinderfrau meiner beiden älteren Schwestern und meines Bruders gewesen, der gestorben war, bevor ich geboren wurde. Nach den Zeigefingern dieser Chinesin griff ich, als ich meine ersten Schritte versuchte. Ich war wohl immer schon etwas frühreif und fing mit sechs Monaten an zu laufen. Ich weiß das, denn ich erinnere mich daran – oder glaube wenigstens, mich daran zu erinnern. Es ist gar nicht lustig, ein Gedächtnis zu haben, das so weit zurückreicht und so lange lebendig bleibt. Ich kann es beurteilen, denn mein Gedächtnis reicht weit zurück, hält alles fest und verliert nichts – ein ruheloses, gnadenloses ungehorsames Gedächtnis. Da ist so vieles, was ich lieber vergessen möchte und doch nicht kann. Und deshalb weiß ich auch noch, wie ich mich bemühte, meine ersten Schritte zu machen, zu einer Zeit, als ich hätte zufrieden sein sollen, aufrecht zu sitzen und mit meinen Spielsachen zu spielen. So jedenfalls hat es mir Wang Amah erzählt, wenn sie so tat, als ob sie mit mir schimpfte – sehr zärtlich natürlich.
»Du – du wolltest schon laufen, als du eigentlich noch kaum sitzen konntest«, pflegte sie dann zu sagen. »Du hast mir fast die Zeigefinger ausgerissen. Schau, sie sind länger als die anderen.«

Sie zeigte mir ihre Finger. Mit drei Jahren studierte ich sie mit wissenschaftlicher Sorgfalt. »Sie sind nicht länger«, stellte ich fest.

Sie drohte mir mit dem Finger: »Du bist im Jahre des Drachen geboren. Es ist nicht gut für ein Mädchen, im Jahre des Drachen geboren zu sein. Was hast du jetzt schon wieder vor?«

Die Antwort auf diese Frage, die ich nur zu oft hörte, wechselte mit meiner Stimmung und meinem Ehrgeiz. Aber das ist nicht wichtig, wichtig ist nur sie, meine alte chinesische Kinderfrau. Ein amerikanischer Freund, der wie ich in China aufgewachsen ist, behauptet, daß wir, die wir in China erzogen worden sind, die Chinesen lieben oder hassen, je nachdem, ob unsere chinesischen Kinderfrauen freundlich und lieb waren oder unfreundlich. Liebten wir sie, dann lieben wir die Chinesen unser ganzes Leben lang. Haben wir diese frühe Liebe aber nicht erfahren, dann konnte sie auch später nicht in uns keimen. Vielleicht hat er recht. Jedenfalls hat die Fülle von Liebe, die mir Wang Amah entgegengebracht hat, bei mir so viele Früchte getragen, daß ich die gleiche Liebe für ihr Volk empfinde. Mein Freund war weniger glücklich. Seine Kinderschwester war jung und vielleicht nicht so nachsichtig, und deshalb liebt er China nicht – jedenfalls nicht so wie ich.

Dabei konnte Wang Amah durchaus streng mit mir sein. Sie hat mich zwar nie bestraft. Sie glaubte einfach nicht an Strafe. Statt dessen hat sie mich ermahnt. Ihre Ermahnungen pflegten meist sehr lang und eindringlich zu sein. Zunächst mußte ich mich auf meinen Stuhl setzen. Ich erinnere mich genau an diesen Stuhl: er war aus Bambus und so leicht, daß ich ihn ohne Mühe an die Stelle rücken konnte, die sie mir bezeichnet hatte.

Während sie zu mir sprach, stopfte sie Strümpfe oder besserte meine Kleider aus.

Ich kletterte leidenschaftlich gern auf Bäume. Gewinnsucht spielte auch eine Rolle dabei, denn meine Mutter zahlte mir zwanzig chinesische Cent für jedes zerstörte Krähennest – natürlich nur, wenn keine Eier oder junge Krähen im Nest waren. So blieb Wang Amahs Nähkorb immer gefüllt. Bei dieser Arbeit brachte sie mir gutes Benehmen bei, weckte in mir weibliche Klugheit, lehrte mich die Familiengeschichte und chinesische Geschichte im allgemeinen, so wie sie diese Geschichte in ihrem langen Leben erfahren hatte.

Dieser Geschichtsunterricht war sehr lebendig. Er umfaßte die letzten fünfundsiebzig Jahre der Ching-Dynastie, während der sie geboren war und in deren letzter Dekade auch ich auf die Welt gekommen bin. Mit aufregenden Einzelheiten beschrieb sie mir die furchterregende T'ai-P'ing-Revolution, einen Aufstand der Chinesen gegen die Herrschaft der Mandschu, die damals noch immer regierten. Der Führer der Revolution war ein Chinese namens Hung. Er hatte Aufrührer um sich gesammelt, die den Kaiser in Peking stürzen wollten, um einer anderen chinesischen Dynastie zur Macht zu verhelfen. Die Mandschu-Dynastie wurde zu dieser Zeit durch die berühmte – oder eher berüchtigte – Tzu Hsi repräsentiert, eine ehemalige kaiserliche Konkubine, die nun Kaiserin war.

Allerdings war diese Dynastie schon seit längerer Zeit im Niedergang, und das war nur günstig für Hung bei der Vorbereitung seines Aufstandes. Wie alle chinesischen Geschichten war auch diese voller dramatischer Höhepunkte. Hung war der Sohn eines wohlhabenden Bauern und erhielt eine gute Erziehung. Wie alle jungen Männer, die eine gewisse Bildung genossen hatten, meldete er sich zu den kaiserlichen Examen, um eine Stellung in der Verwaltung zu erhalten. Nur ein intelligenter und gebildeter Mann konnte diese Examen bestehen. So war sichergestellt, daß nur die besten unter den Gebildeten in den Staatsdienst eintreten konnten; eine Errungenschaft, die es nur in China gab. Es war ein großer Rückschlag für das Land, als in den Revolutionsjahren die kaiserlichen Examen abgeschafft

Diese reizvolle Szene – eine Verbindung aus dem alten und dem neuen China – wurde an einem Sonntagmorgen in Peking aufgenommen. Es ist der neue King-Tschan-Park. Neu, weil er erst nach der Befreiung hergerichtet worden ist – als Volkspark. Junge Menschen genießen hier ihre Freizeit. Vielleicht sind es Studenten.

Der alte Professor jedoch muß arbeiten. Aber auch er genießt die frische Luft im Park. Im Schatten eines altmodischen Sonnenschirms aus Papier und mit dem traditionellen Palmblattfächer gegen die Mittagshitze gerüstet, korrigiert er die Arbeiten seiner Schüler, wie es seine Kollegen in aller Welt tun. Sein Arbeitstisch ist ein Felsbrocken, ohne den kein Garten oder Park in Asien denkbar ist. Der Professor trägt sich offenbar bewußt sehr altmodisch. Während die jungen Leute in einer Art Blue jeans gehen, ist er mit altmodischen Hosen und dem langen Baumwollrock der älteren Generation bekleidet.

wurden und politische Motive die Auswahl der Beamten bestimmten. Hung bestand die Examen nicht, obwohl er es dreimal versuchte. Als er nach dem dritten Durchfall in tiefer Verzweiflung das Prüfungsgebäude verließ, steckte ihm ein junger Mann am Ausgang Flugblätter zu. Hung nahm sie achtlos entgegen und schob sie zwischen seine Bücher. Dann kehrte er heim, um sein Ackerland zu bewirtschaften.

Sieben Jahre später, an einem Regentag, holte er seine Bücher wieder hervor und erinnerte sich melancholisch an seine Studienjahre. Dabei fand er die Flugblätter und las sie. Es waren die Übersetzungen der christlichen Evangelien. Er studierte sie und war begeistert. War Jesus nicht der Sohn eines einfachen Zimmermanns? Und dennoch wurde er ein großer Führer. Er nannte sich Gottes Sohn, und die einfachen Bauern folgten ihm nach. Hung verließ seinen Hof und versammelte junge Männer um sich, die ebenso unzufrieden waren wie er selbst. Die Schar wuchs im Laufe der Zeit zu einer großen Armee an, und er schickte sich an, China zu erobern. Er war so erfolgreich, daß die Kaiserin mit all ihren Truppen ihm kaum Widerstand hätte leisten können, wenn ihr nicht ein englischer Offizier zu Hilfe gekommen wäre, der ihre Armeen organisierte und kommandierte. In die Geschichte ist er als »Gordon der Chinese« eingegangen. Aber selbst mit seiner Hilfe hätte die Kaiserin kaum überlebt, wenn Hung nicht, überwältigt durch seinen Erfolg – er nannte sich Bruder von Jesus – den Versuchungen der Macht erlegen wäre. Der Luxus in der reichen Provinzhauptstadt Nanking – der gleichen Stadt, in der ich ein dreiviertel Jahrhundert später lebte – korrumpierte ihn, er verlor seinen »heiligen« Krieg und damit die Macht. Bei dieser Gelegenheit mußten auch mehr als zwanzig Millionen Chinesen ihr Leben lassen.

Ich hörte die Geschichte dieses gewaltigen Aufstandes zuerst von Wang Amah und sah sie mit ihren Augen, den Augen einer einfachen Frau. Sie war damals ein junges Mädchen gewesen und

so hübsch, daß ihre Familie, die jenseits des Flusses in Jangschau lebte, sie in einem ausgetrockneten Brunnen versteckte, um sie vor der Vergewaltigung durch marodierende Rebellen zu retten. Später studierte ich diese Ereignisse anhand der historischen Quellen, als ich meinen Roman »Das Mädchen Orchidee« über die Kaiserin Tzu Hsi schrieb.
Wang Amah erlebte noch, daß ich Abschied nahm, um ein College zu besuchen. Obwohl sie längst nicht mehr arbeitete, ließ sie es sich nicht nehmen, meine Sachen selbst zu packen. Denn sie verließ sich nicht auf andere, sah nach, ob alle Knöpfe angenäht waren und ob alles richtig gebügelt war. Sie starb während meines ersten Studienjahres, als ich weit weg war in dem seltsamen Land meiner Vorfahren, in den Vereinigten Staaten, und ich weinte allein über ihren Tod.

Herr Kung, oder Professor Kung, wie ich ihn ansprechen mußte, brachte mir den Kontakt zu einer ganz anderen Schicht des chinesischen Volkes. Wang Amah entstammte dem einfachen Volk. In ihrer Familie konnte sicher niemand lesen oder schreiben. Kung jedoch kam aus der intellektuellen Elite, er war ein Zögling der alten Schulen, ein Herr mit tadellosen Manieren, der meinem gelehrten Vater von chinesischen Freunden als der geeignete Lehrer für ein junges, sehr individualistisches amerikanisches Mädchen mit einem ruhelosen, wißbegierigen Geist empfohlen worden war.
Länger als zehn Jahre kam dieser würdige chinesische Professor in unser Haus, um mir Chinesisch beizubringen und die Philosophie des K'ungfutse oder Konfuzius und seine Sitten zu erklären. Von ihm lernte ich die chinesischen Schriftzeichen im Stile des Konfuzius. Ich begann damit, womit alle kleinen Chinesen in der Schule beginnen, wenn sie überhaupt zur Schule gehen. Ein dünnes transparentes Papier wurde über eine große Seite mit gedruckten Zeichen gelegt, und dann mußte ich die

Peking. Geschlossen und wie ausgestorben stehen die kaiserlichen Paläste da. Unberührt liegt der Schnee auf den Marmorstufen und den weiten Höfen. Die Paläste sind wie Geister der Vergangenheit. Alles Leben ist aus ihnen gewichen. Nur ihre unvergängliche Schönheit hat sich erhalten. Der majestätische Schwung der Dächer, die kunstvoll gemeißelten Marmorbalustraden zeugen von der Schöpferkraft der Architekten und Künstler vergangener Zeiten.

Zeichen mit dem Pinsel nachziehen, und zwar so genau wie irgend möglich. Das war nicht einfach. Zuerst mußte ich lernen, den Pinsel richtig zu halten und den Bambusgriff geschickt zwischen Daumen, Zeige- und Mittelfinger der rechten Hand zu nehmen. Der Pinsel hatte Kaninchenhaare, die etwas mehr als einen Zentimeter lang und sehr dünn und weich waren. Dieser Pinsel mußte vorsichtig in die Tinte getaucht werden, die man mit einigen Tropfen Wasser aus Ruß von der Lampe oder vom Herd angerührt hatte. Aber das war nicht alles. Ungeheuer wichtig war es, die Striche in der richtigen Reihenfolge zu ziehen. Jeder Pinselstrich hat seinen eigenen Namen, die mir Herr Kung mit einer lauten und klaren Sprache vorsagte. Wenn ich eine Seite ohne Fehler durchgepaust hatte, durfte ich die Zeichen ohne Vorlage wiederholen.

Laut gelesen hat jedes Zeichen seine eigene Bedeutung, Tonlage und Tonfärbung. Die Mandarin-Sprache von Peking kennt vier Tonlagen, aber jeder Konsonant ist entweder stimmhaft oder stimmlos. Das P zum Beispiel wird entweder stimmhaft – also scharf, mit Atem, ausgesprochen – oder stimmlos, weich, ohne Atem. Das scharfe B entspricht etwa – aber nicht genau – dem weichen P. Das Ohr der Chinesen ist äußerst empfindlich für diese Unterschiede. Professor Kung hatte nicht wenig Mühe, meine chinesische Aussprache soweit zu korrigieren, daß ich nicht mehr in den ordinären Ton verfiel, den ich von Bediensteten, Händlern, Bauern und ihren Kindern oder von Arbeitern aufgeschnappt hatte. Ich war sehr abenteuerlustig und trieb mich überall herum. Aber mein Lehrer Kung war sehr anspruchsvoll. Es war noch ein Glück, daß wir in einer Provinz, Kiangsu, lebten, in der im allgemeinen Mandarin gesprochen wird. Herr Kung sprach natürlich ein makelloses Peking-Mandarin – wie die aristokratischen Literaten. Er verbesserte unermüdlich meine gewöhnlichen Redensarten und trieb mir jene scharfe, angehobene Tonlage, die fünfte, aus, die sich auch in unserer Provinz eingeschlichen hatte, weil sie an jener wichtigen Kreuzung der Handelswege lag, die vom Jangtse in West-Ost-Richtung und vom Großen Kanal in Nord-Süd-Richtung führen. Das Peking-Mandarin kennt nur vier Tonlagen. Seine Silben fließen in einem majestätischen Rhythmus, der dem höfischen Leben angemessen ist, während sich das Kantonesische mit seinen neun Tonlagen und zischenden Konsonanten mehr für den Handel eignet.

Kurz und gut, Professor Kung sollte meiner schon stark vom einfachen Volk geprägten Aussprache und Redeweise die nötige Glätte und Eleganz verleihen. Das muß qualvoll für ihn gewesen sein, und einmal wollte er sogar aufgeben, denn schließlich war ich ja nur ein Mädchen. Aber eine Gehaltserhöhung und die dringenden Bitten meiner Eltern, vielleicht aber auch meine eigenen Anstrengungen und Versprechen, ließen ihn seinen Entschluß wieder umstoßen. Tatsächlich verehrte ich den würdigen alten Mann. Ich wußte, was für ein gutes Herz er hatte, und mein Zutrauen zu ihm war groß.

Erst in späteren Jahren erkannte ich jedoch, wie sehr ich ihm zur Dankbarkeit verpflichtet war. Denn durch ihn lernte ich die oberen Klassen verstehen und würdigen, die besitzenden Stände, aus denen sich von alters her die geistige Elite Chinas rekrutierte. Heute bin ich ihm erst recht dankbar, denn es ist durchaus möglich, daß es solche Menschen in China nie mehr geben wird – weder in China noch irgendwo sonst auf der Welt. Die großen Revolutionen unserer Zeit haben die Gesellschaft überall auf den Kopf gestellt. Wer früher oben war, ist jetzt erniedrigt, und Menschen, die früher geknechtet waren, haben nun Macht. Im heutigen China, hat man mir gesagt, muß sogar die gebildete Elite, soweit es sie noch gibt, immer wieder eine Zeitlang gewöhnliche Handarbeit verrichten, damit der Kontakt mit der Arbeiterschaft gewahrt bleibt. Das scheint mir, der ich in einer anderen Epoche erzogen worden bin, ein

Hier sitzt ein chinesischer Kalligraph im schönen alten Peking an seinem Arbeitstisch, auf dem sich Pinselhalter, Tintenstein, Papier und Briefbeschwerer befinden. Ein Kalligraph gilt in China als Künstler. Seine Schriftzeichen sollen Kraft, Grazie, vor allem aber eine persönliche Note verraten. Man beachte die Pinselhaltung und die Stellung der linken Hand. Er ist vollkommen in seine Arbeit versunken. Nach den Zeichen zu urteilen, die er schon geschrieben hat, handelt es sich um einen erstklassigen Künstler. Seine Schrift ist kraftvoll und bestimmt.
Besonders interessant ist das Pferdebild auf der Pergamentrolle an der Wand. Die Schriftzeichen auf dem Bild sind zu fein, als daß ich den Namen des Künstlers entziffern könnte. Das Bild ist aber so großartig gemalt, daß es sich um den berühmten Yu Pcon handeln könnte. Er malte Pferde wie kein anderer vor ihm. Einst, vor vielen Jahren, schrieb er mir aus China, er habe mir eines seiner Pferdebilder als Geschenk senden wollen, aber nicht gewagt, das Bild mit der Post zu schicken, sondern es einem gemeinsamen Freund anvertraut, einem chinesischen Schriftsteller, der damals an einer Universität in China lehrte und eben nach Amerika reisen sollte. Als der Freund eintraf, erwähnte er jedoch nichts von einem Bild. Später sah ich es an der Wand seines eigenen Arbeitszimmers hängen. Die chinesische Höflichkeit, die meine Kinderfrau mich schon gelehrt hatte, und die zehnjährige Schulung in konfuzianischem Benehmen verboten mir aber, meinen Verlust jemals gegenüber dem Künstler oder seinem Boten zu erwähnen.

schrecklicher Verlust an intellektueller Energie und Kreativität zu sein. Nur die Zukunft kann erweisen, ob ich damit recht habe oder nicht.
Wie dem auch sei, Professor Kung führte mich sanft aber energisch in seine Welt ein. Natürlich kannte ich diese Welt schon durch die Freunde meiner Eltern, nicht aber durch meine eigene Erfahrung. Nun wurde ich ein Teil von ihr. Je mehr ich körperlich und geistig heranreifte, um so weniger verbrachte ich meine Zeit mit Nachbarn oder Zufallsbekanntschaften. Mein Geschmack wurde durch den sanften, aristokratischen Einfluß von Professor Kung umgeformt. Meine Eltern waren ja selber Aristokraten und Intellektuelle. Aber sie waren Amerikaner und Ausländer. Ihr Wissen und ihre Führung konnten für mein Leben in China nicht maßgebend werden, obwohl ich damals nichts anderes kannte. Erst durch Kung gewann ich eigene, vertraute Freunde unter den jungen Intellektuellen, die damals vor ihrer eigenen Revolution standen. Von ihnen erzähle ich später mehr. Denn ehe ich mich meinem eigenen Erwachsenwerden zuwende, möchte ich allen gerecht werden, denen ich, zumindest in gewisser Weise, unter dem Einfluß von Professor Kung, entwachsen bin. Von Wang Amah habe ich schon erzählt. Muß ich dann nicht auch von unserem Gärtner Lao Liu sprechen, der mir half, meinen eigenen kleinen Garten zu bepflanzen, wobei ich so viel Samen und Pflanzen stiebitzte und sie kräftig düngte, daß meine Mutter sich erstaunt fragte, warum wohl mein Garten prächtiger blühte als jeder andere? Es war Lao Liu, der weinend an der Tür zu meines Vaters Arbeitszimmer stand und sich die Augen mit seinem blauen Baumwollkittel trocknete, als mein Vater mir eine Tracht Prügel verabreichte, eine von den beiden, die die einzigen Züchtigungen waren, die ich in meiner Kindheit erfuhr – nicht weil ich selten unartig gewesen wäre, sondern weil meine Eltern verständig und intelligent waren und deshalb wußten, daß

Worte mehr bewirken als Schläge. Nur eine Sünde war in ihren Augen unverzeihlich: zu lügen. Als ich etwa fünf Jahre alt war, habe ich gleich zweimal gelogen; wahrscheinlich wollte ich es einfach mal ausprobieren. An die erste Lüge erinnere ich mich nicht mehr. Aber die zweite hatte etwas mit einem zerbrochenen Rechen zu tun – eigentlich ganz unwichtig, abgesehen davon, daß ich bestritt, ihn zerbrochen zu haben, obwohl ich es getan hatte. Lao Liu, der hörte, was in Vaters Arbeitszimmer vor sich ging, eilte herbei, um zu intervenieren, und als mein Vater sich in der Ausübung seiner erzieherischen Pflicht nicht unterbrechen ließ, behauptete Liu sogar, er selbst habe den Rechen zerbrochen. Mein Vater beendete jedoch, was er begonnen hatte, während Lao Liu weinte und ich heulend in die Räume der Diener und Dienerinnen rannte, um mich von ihnen allen trösten zu lassen. Sie schlugen die Hände über dem Kopf zusammen vor Entrüstung über einen Vater, der es fertigbrachte, sein eigenes Kind »zu schlagen«. Natürlich bekam ich Kuchen und Erdnüsse und alles, was sonst zur Hand war. Aber trotzdem habe ich dabei gelernt, nie wieder eine Lüge auszusprechen.

Wie könnte ich die Bauern und ihre Familien vergessen, die in den Tälern rund um unseren Hügel lebten? Ich spielte mit ihren Kindern und lernte von ihnen Spiele, die ich später in Amerika meinen eigenen Kindern beibrachte. Ich lernte ihre Volkslieder und begeisterte mich mit ihnen für die fahrenden Gaukler, die Tanzbären führten und deren geschickte Äffchen kleine Münzen in einen Korb sammelten.

Wir lebten außerhalb der Stadt, denn meine Mutter liebte die frische Luft und die weite Landschaft, wie sie es von ihrem Elternhaus her gewohnt war. Aber ich liebte auch die Stadt. Dorthin fuhren wir, um Stoffe zu kaufen, hübsche billige Seide, dick und weich und dauerhaft, aus der meine Mutter ihre Kleider machen ließ. Die Läden und offenen Märkte waren unend-

lich viel reicher und farbiger als die amerikanischen Supermärkte; die Vielfalt der Gemüse und Früchte, die sie im Vergleich zu unseren anzubieten haben, ist kaum zu beschreiben. Bei uns kennt man, um ein Beispiel zu nennen, die Pomelos nicht, die so süß und so leicht zu schälen sind, viel angenehmer als die Grapefruits, und außerdem noch viele verschiedene Sorten von Orangen. – Niemals werde ich das wunderbare Aroma der großen Honigorangen vergessen! Jeder Chinese, ob reich oder arm, ist ein Feinschmecker, und bei ihnen habe ich gelernt, was gut essen heißt. Ich wußte nicht – und werde es auch nie glauben –, daß China arm war. Zwar lebten wir in der reichen Region des Jangtse-Deltas, aber später lebte ich auch im Norden und reiste viel umher. Abgesehen von Überschwemmungen oder Dürreperioden mit ihren schrecklichen Folgen habe ich nie Gebiete mit stetiger Armut kennengelernt – jedenfalls nichts, was sich mit den Elendsregionen in Indien vergleichen ließe.
Kann ich jemals den Zauber der Straßen Chinas bei Nacht vergessen? Sie waren alles andere als finster und gefährlich. Man konnte auf den Straßen entlangschlendern, soweit ihr Pflaster reichte, und wenn sie auch nicht von regulären Straßenlaternen erleuchtet wurden, dann doch um so besser von den Lichtern der Häuser und Läden, die lange nach Beginn der Dunkelheit noch geöffnet waren und deren Auslagen erst spät in der Nacht weggeräumt wurden. Die Kunden kamen und gingen, die Kinder spielten im Licht der Öllampen, das aus den offenen Türen fiel, oder im Schein der Laternen, die draußen an den Dachvorsprüngen hingen; die Familien waren zum Abendessen um ihren Tisch versammelt und begrüßten ihre Freunde, die vorbeispazierten, mit lauten Rufen, im Sommer versammelten sich Männer und Frauen nach der Mahlzeit auf den Treppenstufen oder auf Bambusstühlen vor der Tür zu einem gemütlichen Schwätzchen oder auch zu einer kleinen nachbarlichen Auseinandersetzung, die erst recht belebend wirkte.

Als ich später nach Amerika kam, fehlte mir dieses Leben so, daß ich mich erstaunt fragte, wo denn die Menschen alle seien oder warum sie sich in ihren Häusern verbergen würden? Es war soviel Frohsinn im täglichen Leben in China, allerdings auch mit plötzlichen Ausbrüchen von Gewalttätigkeit. Alles spielte sich in der Öffentlichkeit ab. Jedenfalls erschien es mir damals so, als ich noch keine Gefahren spürte und als ich alles verstand, was ich hörte und sah, und in gewissem Umfang auch daran teilnahm.

Als die Revolution kam, war ich überhaupt nicht darauf vorbereitet. Ich war noch ein junges Ding, als die alte Kaiserin im Jahre 1909 starb, ein Kind als Erben hinterließ und einen alten schwachen Mann als Regenten. Ich war zu jung, um zu begreifen, daß Unwillen und Furcht sich im Volk verbreiteten. Es ist sehr schwer, diese ansteckende Atmosphäre einer tiefgreifenden Veränderung zu beschreiben. Aber ich bin sicher, daß damals ein für allemal das Ende jeder dynastischen Herrschaft in China gekommen war.

Die Veränderung war viel verhängnisvoller als früher bei einem Wechsel der Dynastie. Seit dreihundert Jahren hatten sich die weißen Männer aus dem Westen überall in Asien eingemischt. Asien ist alt, sehr alt, und der Westen ist jung, sehr jung: etwas Ähnliches wie den Konflikt zwischen den Generationen gibt es auch zwischen den Nationen. Schon vor Urzeiten hat man in Asien den Angriffskrieg als reine Verschwendung abgelehnt. Aus diesem Grunde hatten die asiatischen Staaten es stets unterlassen, Waffen für derartige Kriege zu entwickeln. Waffen ermöglichten es darum dem Westen, sich in Asien hineinzudrängen; erst mit Handel und Religion, dann mit Waffen und Krieg. Aufgeschreckt durch das Vordringen des Westens, hatte die alte Kaiserin versucht, diesen Prozeß unter Kontrolle zu bringen. Aber sie scheiterte. Deshalb gewann die revolutionäre Gruppe an Kraft, vor allem beim Boxer-Aufstand. Merkwür-

Dieser alte weißbärtige Mann trägt nicht mehr, wie früher, den eleganten Seidenrock, sondern einen schlechtsitzenden modernen Anzug. Aber was bedeutet das schon für ihn? Er kennt alles und hat so vieles erlebt. Er wendet der Vergangenheit, sogar der Gegenwart, den Rücken zu. Nichts ist von Dauer. Er weiß das.

digerweise wurde diese Gruppe von jungen Christen, Absolventen der Missionarsschulen und der Colleges, geführt. Ihr Führer Sun Yat-sen war ebenfalls getauft.
Die Monarchie wurde zu einer Zeit abgeschafft, während der ich noch als junges Mädchen in unserem chinesischen Haus lebte. In den folgenden zehn Jahren wurde die ganze Nation von Unruhe erfaßt. Denn Sun war nicht in der Lage, eine Regierung zu bilden, und die jungen Intellektuellen experimentierten nach allen Richtungen. Neue Schriftsteller, neue Künstler, alle jung, enthusiastisch und voller Hoffnungen, traten in den Kreis meiner Freunde.
Als ich diese Worte niederschrieb, formten sich Gesicht und Gestalt von Hsu Tse-mo wieder in meinem Gedächtnis. Er war ein anziehender junger Dichter. Wie oft hat er mich in meinem chinesischen Wohnraum besucht, in meinem eigenen schon, denn ich hatte mein Studium inzwischen abgeschlossen und war als verheiratete Frau nach China zurückgekehrt. Wir diskutierten über alles, was aus politischer und geistiger Sicht neu war. Träume erschienen als Realitäten, Kommunismus war noch keine Drohung, und Hoffnung beherrschte jeden Gedanken. Hsu Tse-mo sah blendend aus. Ich erinnere mich besonders an seine Hände. Sie waren nicht klein, aber vollendet geformt und hatten die Farbe von Elfenbein. Ach, wie schnell ist das alles vergangen. Er starb bei einem Flugzeugunfall, einem der ersten in China.
Da waren so viele andere. Hu Schih und Tschen Tu-siu führten die literarische Revolution an. Besonders Hu Schih drang darauf, daß die chinesische Schriftsprache der Umgangssprache entsprechen solle. Bis dahin war die Schriftsprache, das wen-li, archaisch in der Form, wunderschön, aber sehr schwierig, fast so, als ob man, um einen englischen Text zu schreiben, das Lateinische benutzen müßte. Trotzig schrieb Hu Schih seine monumentalen – aber oft gar nicht beendeten – Werke in der

Volkssprache. Mein eigener gelehrter Vater war Hu Schih vorangegangen, indem er das Neue Testament in die chinesische Volkssprache übersetzt hatte. Tschen Tu-siu führte die literarische Revolution nach links – zu weit nach links, sagte man –, aber auch er starb jung, bevor er sein Versprechen erfüllen konnte. Hu-Schih verließ China, als der Kommunismus siegte, und diente seinem Lande lange als Botschafter in den Vereinigten Staaten. In dieser Zeit, als auch ich China verlassen hatte, trafen wir uns oft und traten gemeinsam für die chinesische Sache ein. Und dann starb auch er. Er verkörperte eine ganze Epoche in der Geschichte des modernen China.

Nie werde ich auch Lin Yutang vergessen, diesen sprühenden brillanten Intellektuellen, den ich in seinem Heim in Schanghai zusammen mit anderen jungen Intellektuellen kennenlernte. Damals schrieb er seine witzigen, beißenden Artikel in »The China Critic«, die mir so gut gefielen, daß ich ihn meinem New Yorker Verleger empfahl, der auch sein Verleger wurde. Als der Kommunismus die Macht übernahm, emigrierte Lin Yutang mit seiner Familie in die USA, und auch ich kehrte dahin zurück. Er und seine Familie verbrachten viel Zeit mit meiner neuen Familie in Pennsylvanien. In diesen Jahren schrieb er seine großartigen Bücher, unter denen, meiner Meinung nach, »Peking, Augenblick und Ewigkeit« und »Glück des Verstehens, Weisheit und Lebenskunst im alten China« die bedeutendsten sind.

Auch den Kreis junger Schauspieler in Schanghai und unter ihnen besonders Mei Lan-fang, der wahrscheinlich der größte Frauendarsteller aller Zeiten war, werde ich nie vergessen. Ich besuchte ihn in seinem wunderschönen Heim in Peking, wo er mir köstliche Tibetans servierte, süße, mit Creme gefüllte Pasteten, in deren Zubereitung er unübertrefflich war. Er selbst konnte ihnen auch nicht widerstehen, obgleich er dabei Höllenqualen litt durch Selbstvorwürfe, denn er mußte ja stets auf seine Figur achten, die so schlank bleiben mußte wie bei einem jungen Mädchen.

Es waren wirklich leuchtende, traumhafte Tage. Alle waren wir voller Hoffnungen und Pläne. Wie Blumen im Frühling, sproßten ringsum Zeitungen und Magazine hervor, ermutigt durch die neuen Freiheiten. Junge Männer und Frauen rüttelten an den Schranken der Konventionen. Die Familie blieb so stark wie eh und je, aber selbst die ältere Generation begann einzusehen, daß es sinnvoll sein könne, seinen Ehepartner selbst zu wählen, und man erlaubte seinen Söhnen und Töchtern also wenigstens, denjenigen kennenzulernen, dem sie, vielleicht schon seit frühester Kindheit, verlobt waren. Die Füße der Frauen wurden nicht mehr bandagiert, und der Humpelgang auf verkrüppelten Füßen verschwand, ausgenommen bei der jungen Generation im nördlichen Hinterland. Ich selbst stand erst am Beginn meiner Karriere als Schriftstellerin und lehrte als Professor an zwei chinesischen Universitäten. Hier traf ich nicht nur Männer, sondern eine ständig wachsende Zahl von jungen chinesischen Frauen, die meine Schüler wurden.

Als nach dem Zweiten Weltkrieg die Kommunisten triumphierten, wurden diese begabten jungen Menschen in alle Winde zerstreut und verschwanden. Einige wurden Kommunisten. Manchen gelang die Ausreise in die Vereinigten Staaten; die meisten von ihnen aber versanken in der riesigen, gleichförmigen Masse des chinesischen Volkes. Denn ob Regierungen wechseln, Kriege ausgetragen, verloren und gewonnen werden: das chinesische Volk, die Menschen auf dem Land, von denen ich soviel geschrieben habe, in ihren kleinen Dorfgemeinschaften oder in den Städten und Metropolen leben weiter so, wie sie seit Jahrhunderten gelebt haben. Dynastien kamen und vergingen, Regierungen wurden gebildet und gestürzt, Herrscher lebten, starben oder wurden ermordet –

das Volk lebt weiter. Es unterwirft sich für einige Zeit, nicht lange genug für eine wirkliche Veränderung, aber dann nimmt es sein gewohntes Leben innerhalb der uralten Strukturen der Familie wieder auf, die den Kern der chinesischen Gesellschaft bildet.

Sind diese Strukturen erschüttert? Erschüttert ja, aber nicht zerstört. Der Kommunismus hat sie angegriffen, wie sie schon oft angegriffen worden sind. Der Kommunismus hat versucht, die Kinder von den Eltern zu trennen, die eine Generation von der anderen; er hat versucht, die alten Sippen durchlässig zu machen und die Geheimgesellschaften zu zerbrechen. Eine Zeitlang schien er Erfolg zu haben, aber die alten Strukturen sind wieder zum Vorschein gekommen. Die Kinder leben wieder zu Hause, und die Großeltern kamen zurück aus den Altersheimen. Sie kümmern sich um die Kinder, wie sie es immer getan haben, während die Eltern, die starke mittlere Generation, zur Arbeit gehen. Obwohl sie in Kommunen arbeiten, dringt die alte Lebensweise langsam wieder durch. Sogar das Land kehrt – in kleinen Parzellen zwar – wieder in Privatbesitz zurück. Der Staat erlaubt es in begrenztem Umfang. Auf dem Markt gibt es wieder privat erzeugte Produkte. Sogar die chinesischen Kommunisten können die Grundstrukturen nicht zerstören. Sie können sie höchstens benutzen, und von dem Ausmaß, in dem sie das tun, hängen der Erfolg und die Lebensdauer der kommunistischen Regierung ab. Nichts und niemand kann das chinesische Volk zerstören. Es ist der ewige Überlebende. Es ist das älteste zivilisierte Volk der Erde. Seine Kultur hat verschiedene Entwicklungsstufen durchlaufen, aber im Prinzip bleibt ihr Charakter unverändert. Das Volk unterwirft sich, beugt sich im Sturm, aber es wird niemals zerbrechen. Die grundlegenden Elemente bleiben die gleichen. Chinesisch wird von mehr Menschen auf der Welt gesprochen als irgendeine andere Sprache. Die Chinesen sind zahlreicher als jedes andere Volk. Sie blieben in ihrer Einheit länger ungebrochen als jedes andere Volk in der Geschichte. Veränderungen betreffen die Oberfläche und gehen vorüber; sie werden nur so lange geduldet, bis die Kräfte, die sie hervorgerufen haben, erschöpft sind. Dann erscheinen wieder die alten Strukturen. Erscheinen? Sie waren immer vorhanden! Sie werden bleiben, wie auch immer sich die gegenwärtige Regierung nennt.

II

Die Familienstrukturen verschwinden nie. Sie sind der Schlüssel zu Chinas Vergangenheit und der Schlüssel zu seiner Zukunft. Sie haben sich aus der Natur des chinesischen Menschen entwickelt. »Unter dem Himmel«, sagen die Chinesen, »sind alle Menschen eine Familie.« Der Himmel ist der Vater, die Erde ist die Mutter, und die Menschen sind die Kinder. Die Kinder leben unter der Autorität und dem Mandat des Vaters – also des Himmels. Für den Christen ist der Himmel nicht ein Ort, er ist eine Persönlichkeit, undefinierbar in Form und Gestalt. Der Himmel ist das Sein. Der Bauer, der dem stürmischen Himmel grollt, der Regen über seinen erntereifen Reis ausschüttet, wird die Faust gegen ihn schütteln und fluchen »Lao T'ien-yeh«, was soviel wie »alter Himmel« heißt. Alles Geschehen, ob gut oder schlecht, ist Wille des Himmels. Der Himmel lenkt das Schicksal des Ärmsten in seiner strohgedeckten Hütte so wie das des kaiserlichen Herrschers in seinem Palast. Deshalb vertrauen die Menschen ihren Herrschern, solange der Himmel sie schützt. Seit Jahrhunderten war der Kaiser der Vermittler zwischen dem Himmel und dem Volk. Zur festgesetzten und richtigen Zeit steigt der Kaiser zu dem großen Marmoraltar in Peking hinauf, wendet sich für sein Volk an den Himmel und bringt ihm Opfer dar. Das Volk vertraut dem Kaiser als seinem Vertreter gegenüber dem Himmel. Solange alles gutgeht und das Volk gedeiht, sagt man vom Kaiser, er habe das »Mandat des Himmels«. Wenn aber der Kaiser schwach und korrupt wird, wie es unausweichlich der Fall ist, wenn eine Dynastie zu lange regiert und ihr Elan verebbt oder wenn schlechte Zeiten hereinbrechen, durch Kriege, Erdbeben und alle möglichen anderen Katastrophen verursacht, dann vertraut das Volk dem Kaiser nicht länger. Mit dem Vertrauen hat er das »Mandat des Himmels« verloren, und ein neuer Kaiser muß kommen.

Wenn eine solche Situation eintritt, löst sich der Staat auf. Regional wird er durch Beamte verwaltet, aber den einzelnen hält die Familientradition unter fester Kontrolle. Wer wird der nächste Kaiser sein? Kronprätendenten treten auf. Es sind immer junge, wagemutige und ehrgeizige Männer, die Armeen um sich versammeln und eine Reihe örtlicher Kriege austragen, die sich allmählich zu einem Wettbewerb ausweiten, der die ganze Nation umfaßt – ähnlich den Kämpfen der amerikanischen Football-Mannschaften –, bis schließlich einer von ihnen als Sieger hervorgeht. In vergangenen Zeiten stellte das Volk dann fest, daß er das »Mandat des Himmels« erhalten habe, unterwarf sich zufrieden der neuen Dynastie, und das Leben nahm seinen Fortgang wie gewöhnlich. Selbst der Kommunismus kam auf diesem Wege in China zur Macht. Anders hätte er auch gar nicht siegen können. Mao Tse-tung wußte das nur zu gut. Als sein Sieg feststand, nahm er sofort die Stellung, wenn auch nicht den Namen, eines Kaisers ein. Das Volk, in dessen Vorstellung er das »Mandat des Himmels« erhalten hatte – die kaiserliche Macht jedenfalls, wenn auch nicht die Macht des Kaisers –, verwandelte sich wieder, nur nicht dem Namen nach, doch wie von alters her gewohnt, in gehorsame Untertanen.

Jetzt, am Lebensabend Mao Tse-tungs, wird seine Macht schwächer; das Volk bereitet sich in aller Ruhe auf einen Wechsel vor; neue Prätendenten planen im geheimen. Natürlich äußert niemand die alten Vorstellungen, aber, kein Zweifel, sie sind im Geiste eines jeden Chinesen nach wie vor lebendig. Wie der Wechsel aussehen wird, wer der neue Herrscher sein wird – niemand weiß es. Aber eine Dynastie tritt ab, und eine neue wird kommen. Ob man die alten Vorstellungen billigt oder nicht, das »Mandat des Himmels« bleibt in Kraft – »und wenn die Welt voll Teufel wär«.

Wie sollen wir im Westen uns auf das neue »Mandat des Himmels« in China vorbereiten? Dazu müssen wir erst einmal zu der Geschichte des chinesischen Volkes vor dem Zeitalter der westlichen Kolonisation zurückkehren. Der westliche Einfluß war ein störendes Zwischenspiel; jedoch nur ein Zwischenspiel, für Asien ganz allgemein und erst recht für China. Er störte die alte Kultur Chinas, aber er zerstörte sie nicht, eine Kultur, die die Chinesen selbst hervorbrachten und entwickelten und die ihrerseits wieder jene dauernde und ungebrochene nationale Identität bewirkte, die den Chinesen zu eigen ist. Der Westen hat das chinesische Volk nicht verwandelt. Er hat es ein bißchen beunruhigt – und das auch nur für kurze Zeit.

Viele Bücher sind über die chinesische Geschichte geschrieben worden. Viele sind gut, manche hervorragend. Es ist nicht meine Absicht, hier ihren Inhalt zu referieren. Es sei nur kurz festgehalten, daß die Chinesen die ersten und ältesten Menschen auf Erden sind, die sich in Gemeinwesen zusammenschlossen. Sie begannen als Nomaden und Jäger, die durch die Weiten Asiens wanderten, das Feuer und dann das Kochen entdeckten. Nach der Sage, die mir mein chinesischer Lehrer erzählte, mußte einst ein kleiner Junge in der Hütte seiner Familie das Feuer hüten, während sein Vater auf der Jagd war. Natürlich spielte er mit dem Feuer, obwohl er es nicht durfte, die Hütte fing Feuer, und dabei wurde das Schwein der Familie gebraten. Als der Vater heimkehrte, fand er seinen Sohn, wie er sich die Finger leckte, weil er von dem Schweinebraten gegessen hatte. Er verschob die fällige Bestrafung und probierte den Braten selbst, woraufhin er dem Sohn sofort verzieh. Jedenfalls

Diese fremdartig-schöne Landschaft liegt in der Nähe des San-Men-Hsia-Damms am Gelben Fluß. San Men Hsia ist eine Stadt im westlichen Teil der Provinz Honan. Seit der Befreiung hat sie sich zu einer Industriestadt entwickelt. Ihr Name bedeutet »Drei Felsentore« und bezieht sich auf die berühmten drei Engpässe des Gelben Flusses. Jetzt sind diese drei Durchbrüche des Gelben Flusses durch die Felsen mit einem Staudamm zu einem großen Elektrizitätswerk zusammengefaßt. Bei den Erdarbeiten für dieses Bauwerk hat man sehr interessante archäologische Funde aus der Epoche der Tschou-Dynastie gemacht, darunter Bronzespiegel, Bronzewaffen und Töpfe. Das ganze Gebiet steckt voll historischer Erinnerungen, denn hier soll der Überlieferung nach der sagenumwobene Kaiser Yu der Große, der Begründer der Hsia-Dynastie, zweitausend Jahre v. Chr. die Wasser des Gelben Flusses bezwungen haben, indem er sie durch jene drei verschiedenen Felsentore leitete, die man eben jetzt wieder zusammengefaßt hat.

Steile Hügel und Bergterrassen bestimmen hier die Landschaft. Die Straße führt in engen Serpentinen zu dem Buddhatempel auf dem Gipfel des Hügels, der zu einer Schule umgewandelt wurde. Im Vordergrund mit Lehm abgedeckte Strohmieten und ein Bauer mit seinem Lasttier. Ganz unten eine Erdausschachtung, die entweder als Vorratskeller gedacht ist oder als Bunker. Die Chinesen bauen heute geradezu mit Fanatismus Bunker, um auf einen eventuellen Angriff von seiten der Sowjetunion vorbereitet zu sein.

sind die Chinesen in fast beunruhigendem Maße auf vielen Gebieten die ersten. Ein jeder weiß, daß sie Schießpulver und Raketen erfanden. Sie gründeten ein Familiensystem, das sich schrittweise zu einem Sippensystem fortentwickelte, auf dem die chinesische Gesellschaft so fest beruht, daß ich bezweifle, ob die Kommunisten es auf die Dauer ersetzen können; ein Regierungssystem, in dem der natürliche Führer leicht gefunden wird, dem man so lange gehorcht, wie er das Vertrauen des Volkes verdient; eine Unabhängigkeit, die so unbeugsam und unzerstörbar ist, daß jeder Führer, der das Vertrauen des Volkes nicht mehr besitzt, in aller Ruhe abgesetzt wird. Produktionsverhältnisse und eine soziale Ordnung, die auf Grund und Boden basieren; und schließlich einen so gescheiten und praktischen Konservatismus, daß alle Anstrengungen utopischer Wirrköpfe daran zu Schanden werden. Bis jetzt hat Mao Tse-tung in den Grenzen dieser Tradition regiert, mit dem Erfolg, daß er an Macht und Bedeutung nur dem großen Kaiser Tschin Schih Huang nachsteht, der in der zweiten Hälfte des dritten Jahrhunderts vor Christus die sieben feudalen Staaten Chinas einigte, die damals alle miteinander Krieg führten.

Die Geschichte dieses Kaisers ist brillant in dem großen historischen Roman von Wilson V. Z. Faung unter dem Titel »Tschin Schih Huang, der erste Kaiser der Tschin Dynastie« erzählt, der kürzlich in Taiwan erschienen ist. Dieser außergewöhnliche Herrscher vereinte die sieben Staaten eher durch Strategie denn durch Schlachten und schuf so das chinesische Reich von heute. Das war 221 vor Christus. Er glaubte nicht an die Freiheit des Volkes; deshalb nahm er alles Land in Besitz und verteilte es dann aufs neue, so wie es seiner Meinung nach zum Wohl aller am besten genutzt werden konnte. Doch ich muß mich verbessern: er glaubte nicht an die unkontrollierte Freiheit des Volkes. Aber das tut Mao Tse-tung auch nicht. Der Kaiser teilte China in 36 Provinzen auf und diese wieder in

Distrikte. Provinzen und Distrikte wurden durch ein Kollegium von drei Beamten verwaltet, die nur dem Kaiser verantwortlich waren. Einer der Beamten war für die zivile Verwaltung zuständig, ein anderer für das Militär, und der dritte war eine Art Geheimdienstoffizier, der über alles an den Kaiser berichten mußte, auch über seine beiden Kollegen. Und natürlich war es auch seine Aufgabe, zu berichten, was das Volk dachte, tat, fühlte und sagte.
Dieses Regierungssystem, vom ersten Kaiser erdacht und verwirklicht, hatte über zweitausend Jahre Bestand, und es existiert heute noch. Ein Regierungssystem muß eine Schöpfung des Volkes sein, oder es bricht zusammen, ehe es wirksam werden kann. Auf seine Art setzt Mao Tse-tung die chinesische Tradition fort. Natürlich hat er die chinesische Gesellschaft reformiert. Aber das tat der Kaiser auch. Buchwissen verleiht einen gewissen Status, aber nur sofern es nutzbringend angewandt wird. Genau wie bei Mao Tse-tung rangierten beim Kaiser zeitweilig die Soldaten an erster Stelle, die ihm mehr ergeben waren als ihren Sippen. Er brauchte sie, um sein Reich zu stützen. An zweiter Stelle rangierten – wie heute noch – die Bauern, die die Nahrung produzieren. Danach folgten Handwerker und Künstler. Der erste Kaiser war ein großer Bauherr und liebte die schönen Künste. Auch unter Mao Tse-tung wurden riesige Brücken und Gebäude errichtet, und es gab die revolutionäre Wiedergeburt der Kunst. An vierter Stelle kamen die nützlichen Literaten, die Lehrer, die Beamten. Unter Kaiser Tschin Schih Huang wurden Literaten, die nicht im Sinne des Staates schrieben, als nutzlos betrachtet – man vergleiche mit Mao! Die Händler kamen zuletzt. Ich weiß nicht, warum, aber der Handel wurde vom Staat kontrolliert, damals wie heute. Natürlich regierte der Kaiser mit Gewalt, ebenso wie Mao und wie jeder erfolgreiche chinesische Herrscher es getan hat und tun mußte, um die Nation und das Volk in den Schranken zu

halten. Das chinesische Volk ist sehr eigensinnig, sehr unabhängig, phantasiereich, findig und brillant – ohne Gewalt nicht zu kontrollieren. Seine Basis ist die Familie, die Sippe, das Dorf. Zu dieser Basis ist es immer wieder zurückgekehrt und wird dahin zurückkehren. Mit Gewalt, zum Beispiel, erbaute der erste Kaiser die Große Mauer. Anstatt Rebellen und Nichtsnutze ins Gefängnis zu stecken, deportierte er sie zum Bau der Mauer. Dort lebten und starben sie, und in der Mauer wurden sie beerdigt. Mao Tse-tung dagegen hat solche Leute hinrichten lassen, das heißt, er hat sie denen übergeben, die einst von ihnen unterdrückt worden waren. Es wird berichtet, daß in den ersten anderthalb Jahren des kommunistischen Regimes 1 300 000 solcher Personen getötet wurden. Ich kann das nicht bestätigen. Aber ich weiß, daß sich die »Freiwilligen«, die von China in den Korea-Krieg geschickt wurden, aus Leuten rekrutierten, die dem Kommunismus Widerstand geleistet hatten: es waren junge buddhistische Mönche, Christen, Kriminelle, Angehörige der »Geheimgesellschaften« und so weiter.

Der erste Kaiser hat auch Bücher verbrennen lassen. Die intellektuelle Elite kritisierte ihn, und er brachte sie zum Schweigen, genauso wie sie von Mao Tse-tung in den Bergwerken und bei harter Arbeit in der Landwirtschaft zum Schweigen gebracht worden ist – wenn ich glauben darf, was man mir erzählt. Und doch ist Mao selbst ein Gelehrter, ein Dichter, ein superber Kalligraph. Seine Schriftzeichen haben einen fließenden, starken und charakteristischen Ausdruck. Auch Kaiser Tschin Schih Huang benutzte als erster den Pinsel zum Schreiben, und auch er bevorzugte klare Linien mehr als gekünstelte Kurven. Beide Herrscher sind praktische Männer, die die Kunst eher dem Nutzen unterordnen, als sie um ihrer selbst willen zu betreiben.

Eine andere große Gestalt in der Geschichte Chinas war der

Kaiser Wu-Ti, der berühmteste Herrscher der Han-Dynastie, einer Epoche, die etwa mit dem Auftreten des Christentums zusammenfällt. Heute würde man ihn einen Sozialisten nennen, denn er verstaatlichte alle Quellen des nationalen Reichtums, um die Bedürftigen vor dem Zugriff der Vermögenden zu schützen. Auch der Transport und das Finanzwesen wurden verstaatlicht. Alle Nahrungsmittel und alle Produkte gehörten dem Staat zu gleichem Nutzen für alle, und die Preise wurden kontrolliert. Eine Einkommenssteuer wurde erhoben und große öffentliche Bauvorhaben in die Wege geleitet, um die Arbeitslosigkeit zu beseitigen. Es gibt nichts Neues unter der Sonne, das China nicht längst ausprobiert hätte. Aber mit der Zeit wurde das Volk dieser dauernden Kontrolle müde, weil die Chinesen auf die Dauer jeder Kontrolle müde werden. Als Wu-Ti alt geworden war, wuchs die Korruption, die Gesetze wurden lasch gehandhabt, Schlendrian riß ein, und nach einer Rebellion kehrten die Chinesen zu ihrer alten Lebensweise zurück.

Man sollte meinen, daß solche Erfahrungen die Reformer entmutigt hätten. Aber ein Jahrhundert später unternahm der Herrscher Wang Mang ein neues sozialistisches Experiment. Er war einfallsreich und voller Initiative: er verteilte Land an besitzlose Bauern, kontrollierte die Preise genau, gab große öffentliche Aufträge für bezahlte Arbeit, nicht für Zwangsarbeiter, übernahm die Hypotheken der Geldverleiher, vergab Regierungsanleihen und zahlte Pensionen an Alte, Kranke und Arbeitslose. Sogar der Lehrplan der Schulen wurde reformiert – literarische Lehrstoffe wurden zugunsten mehr praktischen Studiums wie Geographie, Mathematik, Geschichte und Wirtschaft zurückgedrängt. Abermals ermüdete das Volk unter dieser Kontrolle. Die Steuern waren hoch, Korruption und bürokratische Unfähigkeit gediehen. Das Volk verlieh seinem Unmut auf höchst alarmierende Weise Ausdruck, zum Beispiel

Hier beim Bau des San-Men-Hsia-Dammes sieht man zwar einige moderne technische Geräte, aber die meisten Erdbewegungen werden noch nach alter Art mit Bambuskörben auf der Schulter durchgeführt. Der Gelbe Fluß durchbricht hier eine Kette von hohen Bergen, in die er sich tief eingefressen hat. Seine Quellen liegen im Hochgebirge. Wegen der schweren Überschwemmungen, die er verursachte, hieß er jahrhundertelang »Chinas Fluch«. Heute sind seine Wassermassen durch Dämme wie diesen geregelt, und er hat sich in einen Segen für China verwandelt, weil er die nötige Energie zur Industrialisierung liefert.

Der Gelbe Fluß war vielfach ein Thema für die bildende Kunst, für die Oper und das Theater. Die Frau Mao Tse-tungs, die Schauspielerin Tschiang Tsching, deren großer Einfluß auf die Kunstschaffenden des heutigen China bekannt ist, hat eine neue Oper über den Gelben Fluß angeregt, die dank ihrer leicht eingängigen Musik sehr populär geworden ist.

in der Gründung revolutionärer Geheim-Gesellschaften, und so wurde wieder der frühere Zustand hergestellt.
Doch tausend Jahre später unternahm ein kaiserlicher Kanzler, Wang An-Schih, das radikalste sozialistische Experiment, das je erdacht worden war, ehe im zwanzigsten Jahrhundert die Kommunisten die Regierung übernahmen. Wieder wurden Land und Kredite an besitzlose Bauern vergeben, wurden Preise kontrolliert, Handel und Industrie verstaatlicht, Unterstützung für die Arbeitslosen, Alten und Kranken vorgesehen, die Lehrpläne reformiert und die alten Klassiker abgewertet. Natürlich wurden die Steuern wieder erhöht, und wieder erlahmte das Volk unter der strengen Herrschaft. Es wurde ihrer so überdrüssig, daß der Kaiser, um die eigene Haut zu retten, Wang An-schih entlassen und seinen »Reformen« ein Ende setzen mußte.
Dennoch hat die Idee des Sozialismus nie aufgehört, in den Köpfen der Chinesen zu spuken. Sogar während der Liang-Dynastie, als Kultur und Kunst so herrlich blühten, wurde der Grund und Boden halb verstaatlicht und seine Nutzung kontrolliert. Auch zur Zeit der Ming-Dynastie hatte man diese Haltung gegenüber den Armen und Besitzlosen.
Immer jedoch bleibt der chinesische Sozialismus durchdrungen von der Vorstellung eines patriarchalischen Herrschers, sei es nun ein Kaiser oder ein Vorsitzender.
Die Geschichte lehrt, daß eine Revolution in China immer dann am wahrscheinlichsten ist, wenn ein starker Herrscher stirbt. Das Volk hat dann die Kontrolle satt. Es möchte wieder »heimkehren«, wie man es nennt – heimkehren zu den alten Zuständen. Die Rebellion, die ich in meiner eigenen Jugend erlebt habe, fand ja auch nach dem Tode eines starken Herrschers statt. Die Kaiserin Ts'e-hi, der »Alte Buddha«, wie man sie genannt hat, war schon vor ihrem Tode zur Legende geworden.
Dies ist eine dramatische Geschichte: sie wurde in Peking als Tochter einer Mandschu-Familie geboren. Die Familie war arm,

und das Mädchen lernte Not und harte Hausarbeit kennen. Dennoch mußte sie, wie es das kaiserliche Gesetz allen Mandschu-Mädchen vorschrieb, sich mit siebzehn im kaiserlichen Palast vorstellen. Dort prüfte man, ob sie als Konkubine in Frage käme. Das war eine zweifelhafte Ehre, denn die Möglichkeit bestand oder eher noch die Wahrscheinlichkeit, daß es für die Betroffene ein lebenslanges Unglück bedeuten würde. Der Kaiser besaß einen schwachen Charakter und war dazu noch physisch erschöpft durch die Ausschweifungen, zu denen ihn die Palasteunuchen verführten. Abgesehen davon stand er vollkommen unter dem Einfluß seiner starken, aber nachsichtigen Mutter. In dem Palast, in dem die Konkubinen lebten, die gar nicht oder nur einige wenige Male zum kaiserlichen Bett erhoben worden waren, um danach vergessen zu werden, verbrachten diese armen Frauen ihr Leben in Einsamkeit. Selten gebar eine von ihnen einen Sohn oder eine Tochter, und es ging das Gerücht, daß der Kaiser – mindestens zeitweilig – impotent gewesen sei.

Die wirkliche Tragödie für Ts'e-hi oder Orchidee, wie sie genannt wurde, bestand darin, daß sie bereits mit einem jungen Mann ihrer Klasse verlobt war, mit Gung Lu. Sie liebte ihn und war zwischen Liebe und Ehrgeiz hin und her gerissen. Sie war nämlich überzeugt, daß es in ihrer Macht stünde, die Aufmerksamkeit des Kaisers zu erringen, wenn sie nur wolle. Tatsächlich war sie ungewöhnlich schön, ihre goldene Haut war zart wie Samt, und ihre großen dunklen Augen blickten unter schön geschwungenen Brauen hervor. Neben diesen Vorzügen verfügte sie aber auch über eine vitale und anziehende Persönlichkeit, die sie wirkungsvoll einzusetzen verstand. Wenn sie es tatsächlich zur kaiserlichen Konkubine bringen sollte, dann konnte sie so hoch steigen, wie sie nur wollte, und jede Macht ausüben, die ihrem Ehrgeiz entsprach.

Aber sie liebte eben Gung Lu. Er war groß, eine stattliche Erscheinung mit lebhafter Intelligenz und starkem, festem Willen. Er war bereits Beamter in den untersten Rängen der Hierarchie im kaiserlichen Palast, und wenn sie erfolgreich war, konnte sie ihn so hoch steigen lassen, wie er nur wollte. Jedenfalls konnte sie ihn um sich behalten und sich auf seinen Rat und seine Loyalität verlassen. Die Entscheidung war schwer, aber der Ehrgeiz siegte. Aus Gung Lus eigener Hand nahm sie die Einladung in den kaiserlichen Palast entgegen, denn es war seine Aufgabe bei Hofe, diese Einladungen allen Mandschu-Mädchen auszuhändigen, die in dem betreffenden Jahr das entsprechende Alter erreicht hatten.

Damit begannen die kaiserlichen Jahre der Ts'e-hi. Man brachte sie in den Palast, und sie wurde – eine von vielen – für die Besichtigung durch den Kaiser vorbereitet. Aber sie war nicht wie die anderen Mädchen und kümmerte sich nicht um deren Geschwätz. Ruhig, stolz und schweigsam ließ sie sich baden und die neuen Kleider anziehen, als die Stunde kam, da sie vor den Kaiser treten sollte. Seine Mutter saß auf einem etwas niedrigeren Thron neben ihm und nahm an der Vorstellung teil. Eine nach der anderen trippelten die Mädchen am Kaiser vorbei. Die Kaiserinmutter wählte unter anderen ein niedliches Mädchen mit einem sanften Gesicht aus. Der Kaiser wählte Orchidee. Mit Bedacht hatte sie sich an das Ende der Reihe gestellt, ein wenig abseits. Der Kaiser sah nur die junge stolze Schönheit. Seine Mutter dagegen sah ein eigenwilliges Mädchen, das nicht leicht zu lenken sein würde. Orchidee sah einen schwachen, bleichen jungen Mann, der von der Last seiner schweren goldbestickten Gewänder erdrückt zu werden schien, der dennoch verdrießlich und hartnäckig mit seiner Mutter stritt. Schließlich wurden beide Mädchen erwählt. Viele Jahre später, nach dem Tode der Kaiserinmutter, sollten sie die »Östliche Kaiserin« und die »Westliche Kaiserin« genannt werden.

Bezeichnenderweise war Ts'e-hi die Westliche Kaiserin. Deshalb mußte sie sich in ihrer ganzen Regierungszeit mit dem mehr und mehr nach Asien vordringenden Westen auseinandersetzen. Schon hatte England Indien in Besitz genommen. Holland befestigte seine Herrschaft über das reiche Indonesien. Frankreich griff nach Indochina. Gegen alle diese Vorstöße kämpfte Ts'e-hi mit ihrer ganzen Kraft. Sie wurde des Kaisers Lieblingskonkubine. Durch ihn und ihre Mittelsmänner und Untergebenen in jedem Winkel der »Verbotenen Stadt«, dem kaiserlichen Wohnsitz, lernte sie alle politischen Probleme Chinas kennen und verstehen. Entschlossen wandte sie sich gegen den westlichen Feind und kämpfte darum, China, der stärksten, ältesten und stolzesten Nation, seine Einheit zu erhalten.
Die Kaiserinmutter starb, und nun war es Orchidee, die im Palast regierte. Sie saß hinter dem Vorhang, der sie vor der großen Halle verbarg, wenn der Kaiser Audienzen gab oder Berichte aus dem gesamten Reich entgegennahm. Sie war es, die ihn in der Intimität der Nacht beriet, beschwatzte, umschmeichelte und mit allen Mitteln dazu brachte, mit Energie und Macht den jungen vordringenden Nationen des Westens Widerstand zu leisten. Dabei vergaß sie keineswegs Gung Lu. Er beriet sie und sagte ihr, was sie dem Kaiser erklären müsse, um ihn zum Handeln zu überreden. Dafür erhob sie Gung Lu so hoch, wie sie es nur wagen durfte. Sie gebar einen Sohn, der ihr einziges Kind blieb. Er war so kräftig, so unähnlich dem Kaiser – der mit jedem Jahr mehr verfiel, bis er schließlich jung starb –, daß sich die ganze Nation zuraunte, wahrscheinlich sei Gung Lu der Vater des Kronprinzen. Dennoch wurde der Junge nach dem Tode des Vaters Kaiser, und Ts'e-hi wurde zur Kaiserinmutter, die jede seiner Handlungen leitete und ihn belehrte. Aber wie es so geht, der junge Kaiser war genauso eigenwillig wie seine Mutter. Mit Hilfe bestechlicher Eunuchen entwich er

Innerhalb des kaiserlichen Sommerpalastes liegt ein großer Teich. Ich war einst im Sommer da. Er war bedeckt von blühendem Lotus. Manche Goldfische in diesem Teich waren schon so alt und groß, daß man sich unwillkürlich fragte, ob sie vergessen hätten, daß sie eigentlich Goldfische seien. Unaufhörlich floß neues Wasser zu und ab.
Die Palasträume waren leer, als ich dort war, denn die alte Kaiserin T'se-hi war gerade gestorben. Der übliche Streit um einen neuen Kaiser, eine neue Dynastie, hatte begonnen.
Ich lehnte mich über die rotlackierte Balustrade und blickte in das Wasser. In der hellen Junisonne leuchteten die Goldfische, die fröhlich durcheinanderschwammen. Auf der anderen Seite des Teiches sah ich eine Ulme, die schon kränkelte.
Heute ist sie abgestorben, wie man sieht.

jede Nacht aus dem Palast, zwar als gewöhnlicher Bürger verkleidet, aber doch überall erkannt, und gab sich wilden Ausschweifungen hin. Seine körperlichen Kräfte waren früh ruiniert, und er starb schon mit 18 Jahren. Seine Mutter betrauerte ihn sehr, doch sie übernahm die Regierung mit starker Hand. Die »Östliche Kaiserin« stand ihr zur Seite, eine blasse, schweigsame Gestalt, die sie freundlich behandelte, aber sonst nicht beachtete.

Den Rest ihres langen Lebens verbrachte Ts'e-hi damit, die westlichen Mächte abzuwehren. Aber es gab noch andere Probleme. Die Chinesen hatten eigentlich genug von der fremdländischen Mandschu-Herrschaft. Immer wieder brachen irgendwo Aufstände aus. Der gefährlichste war der T'ai P'ing-Aufstand, der von dem Bauernsohn Hung geführt wurde. Dieser Mann, der vorgab, Christ zu sein und ein jüngerer Bruder Jesu Christi, sammelte eine gewaltige Gefolgschaft unter den Bauern, und Ts'e-hi hatte alle Hände voll zu tun, um seine bewaffneten Streitkräfte mit ihren eigenen zu besiegen, die sie zu diesem Zweck erheblich hatte verstärken müssen. Es ist sehr wahrscheinlich, daß sie dennoch geschlagen worden wäre, wenn sie nicht einen englischen Söldner gefunden hätte, den man »Gordon, der Chinese« nannte. Er bildete ihre Armee aus und schlug die Rebellen. Aber selbst er hätte den Bruder von Jesus Christus nicht besiegen können, wenn dieser nicht mit seinen Gefolgsleuten den Versuchungen der Macht erlegen wäre und sich in Nanking, der reichen Provinzhauptstadt, einem ausschweifenden Leben ergeben hätte. Immerhin kostete der Aufstand auch so noch etwa zwanzig Millionen Chinesen das Leben.

Danach regierte die Kaiserin als Alleinherrscherin. Ihre Macht wuchs ständig. Trotzdem konnten die Westmächte ihr Vordringen nach China fortsetzen, bis Ts'e-hi schließlich voller Verzweiflung und gegen den Rat des alternden Gung Lu ihre Zustimmung zum Boxer-Aufstand gab. Da setzt bereits meine

Erinnerung ein, denn ich war damals acht Jahre alt, und mein Vater, der unerschrocken an seinem Platz und bei seiner Arbeit blieb, schickte meine Mutter, meine jüngere Schwester und mich vorsichtshalber nach Schanghai. Wir hatten Glück, denn in unserer reichen Zentralprovinz Kiangsu hatten wir einen intelligenten Vizekönig, der klug und weitsichtig genug war, um zu wissen, daß dem Befehl der Kaiserin, alle Weißen in China zu töten, eine schnelle und harte Vergeltung folgen würde. So fügte er in das Edikt der Kaiserin einfach ein schlichtes »nicht« ein, eine weise und mutige Tat, die unser aller Leben rettete.

Aber noch ist die Lebensgeschichte von Ts'e-hi nicht zu Ende. Die Vergeltung blieb nicht aus: sie und das chinesische Volk mußten den Aufstand teuer bezahlen. Es war der Anfang vom Ende ihrer Dynastie. Sie floh mit ihrem Hofstaat aus Peking, und als die Niederlage eindeutig war, als es keine Hoffnung und keinen Ausweg mehr gab, kehrte sie auf Gung Lus Rat nach Peking zurück. Ruhig und stolz, als ob es keinen Krieg und keine Niederlage gegeben hätte, verstand sie es, mit ihrem unbesieglichen Charme das Wohlwollen ihrer Feinde zu erringen, die anerkannten, was sie wirklich war – eine der großen imperialen Gestalten der Welt.

Ihr blieben noch ein paar Jahre eines beschaulichen Alters zwischen den Blumen und Vögeln, die sie so sehr liebte. 1909 starb sie und hinterließ ihr Reich einem viel zu jungen Thronfolger, Henry Pu Yi, einem Verwandten, der nur wenige Jahre regierte. Später, 1934, wurde er von den Japanern als Marionetten-Kaiser in der Mandschurei eingesetzt, im Zweiten Weltkrieg jedoch gestürzt, und heute lebt er wieder in China. Bald nach dem Tode von Ts'e-hi, im Jahre 1911, brach die Revolution aus. Wieder wurde sie von einem Bauernsohn geführt: von Sun Yat-sen. Mit seinen Anhängern schaffte er die Monarchie ab und öffnete zehn Jahre später die Grenze für die Leute aus dem Norden, für die Russen nämlich, die ebenfalls ihren Kaiser

Die Pferdeskulptur in Überlebensgröße entstand zur Zeit der Ming-Dynastie, die sich selbst in heroischen Dimensionen darstellte. Dies Pferd und andere riesige Fabelwesen sollen die Straße, die zum Grab des Kaisers Tscheng Tsou führt, schützen. Er war einer der 14 Ming-Kaiser, die hier beigesetzt wurden. Die anderen Ming-Kaiser wurden in der südlichen Hauptstadt, in Nanking, beerdigt, von wo der letzte Kaiser dieser Dynastie vor den Mandschus nach Formosa floh.

Der Bauer auf dem Maultier reitet wahrscheinlich auf einem Sattel, der so alt ist wie das steinerne Pferd. Maultier und Bauer befinden sich nicht weit von dem großen neuen Staudamm, der nach den Kaisergräbern benannt ist. Der Damm ist ein Wunderwerk der modernen Technik, aber der Bauer wundert sich wahrscheinlich nicht einmal darüber. In China wundert man sich über nichts. Ich habe erlebt, wie in Zentralchina die Leute in den ersten Eisenbahnzug und in das erste Flugzeug gestiegen sind, mit ihren Hühnern und Körben voller landwirtschaftlicher Erzeugnisse, ohne im mindesten überrascht zu sein. Der Chinese ist leicht zu belustigen, aber nicht leicht zu verblüffen.

abgesetzt und das alte Regime gestürzt hatten und Kommunisten geworden waren.
Diese Kaiserin, der letzte Herrscher der Mandschu- oder Tsing-Dynastie, unter der ich die ersten Jahre meines Lebens verbrachte, blieb immer eine bedeutungsvolle Gestalt für mich. Natürlich war sie schon alt, als ich geboren wurde, und ihre Herrschaft neigte sich dem Ende zu. Als sie starb, war ich siebzehn, also noch sehr jung, doch erwachsen genug, um die veränderte Atmosphäre zu spüren und die Beunruhigung, die das ganze Land erfaßt hatte. Sie hatte so lange und so absolut regiert, daß das Volk sie trotz ihrer Fehler verehrte, deren größter natürlich darin bestand, daß sie eine Frau war. Man fühlte sich sicher, solange sie lebte. Deshalb trug sie den Beinamen »Alter Buddha«.
Die Mandschu- oder Ts'ing-Dynastie, die bei ihrem Tode erlosch, hatte von Beginn an Schwierigkeiten. Sie erlangte 1644 die Macht als Resultat einer Invasion der Mandschu, die sich die Gelegenheit zunutze machten, daß die Ming-Dynastie aufgehört hatte zu existieren. Diese Dynastie hatte die Herrschaft in chinesische Hände zurückgebracht, denn vor ihrer Machtübernahme hatte die erste Eroberung Chinas von außen, durch die Mongolen stattgefunden, die die Yüan-Dynastie begründeten. Die Mongolen waren ein starkes, und wie mir mein chinesischer Lehrer versicherte, ein rauhes und unkultiviertes Volk, das erst mit Hilfe des hochgebildeten, erfahrenen chinesischen Beamtenapparates zu regieren lernte. Die Chinesen, die sich stets ihrer kulturellen Überlegenheit bewußt waren, haben es offenbar nie für nötig gehalten, einen totalen Krieg gegen fremde Eindringlinge zu führen. Es gab nie eine nationale Armee im westlichen Sinne. In der Lebensauffassung des Konfuzianismus galten die Soldaten als die niedrigste Klasse, und einen Soldaten in der Familie zu haben war eine Schande. Angriffskriege wurden abgelehnt, explosive Waffen galten als un-

menschlich. Nachdem man das Schießpulver erfunden und im Krieg ausprobiert hatte, wurde sein Gebrauch im Kriege verboten. Es diente nur noch dem Vergnügen, als Feuerwerk. Auch das Raketenprinzip, ebenfalls von den Chinesen zuerst entdeckt, wurde nicht für Kriegszwecke mißbraucht, denn die Raketen hätten ja Leute verletzen können, die mit dem Krieg gar nichts zu tun hatten. Natürlich war den Chinesen bewußt, daß es immer streitsüchtige Charaktere geben würde, die den Kampf liebten! Die sollten sich ruhig gegenseitig die Köpfe einschlagen, aber gefälligst die Menschen in Ruhe lassen, die nichts mit ihren Kriegen zu tun hatten!

Diese höchst humane Lebensphilosophie hat den Chinesen so lange gute Dienste geleistet, als sie nicht von weniger zivilisierten Nationen wie den Mongolen oder den europäischen Staaten angegriffen wurden. Unter den Mongolen kam China zum erstenmal unter eine Fremdherrschaft. Peking wurde Hauptstadt, und gewisse Regionen, die Nordprovinzen und Yünnan, außerdem Tibet als eine Art Protektorat, wurden dem Reich angegliedert. Die Handelswege durch Zentralasien öffneten sich den Chinesen wieder, und die Städte blühten auf.

Die Yüan-Dynastie ist wegen ihrer kosmopolitischen Grundhaltung interessant. Besucher aus aller Welt, wie der berühmte Marco Polo und viele Moslems, kamen nach China. Katholische Missionare reisten ein und mit ihnen westliche Ideen, westliche Waren und technische Fertigkeiten. Dafür wanderten chinesische Erzeugnisse westwärts, zum Beispiel das Schießpulver, die Drucktechnik und wunderschöne Kunstobjekte. Vor allem das Theater blühte unter dieser mongolischen Dynastie, denn die rauhen Eroberer aus dem Norden hielten gutes Theater für ein besonderes Vergnügen. Schwer leiden mußte jedoch die Landbevölkerung, denn die neuen Herrscher beschlagnahmten weite Gebiete, und wieder einmal waren es die Bauern, die sich erhoben und einen grundlegenden Wechsel

General Ma war der letzte Gouverneur von Schanghai vor der Machtübernahme durch die Kommunisten. Er sieht genauso aus, wie man sich einen fetten Bonzen vorstellt.

erzwangen. Tatsächlich wurde die Yüan-Dynastie 1368 durch eine Bauernrevolte gestürzt, deren Führer die »Roten Turbane« genannt wurden oder, wie mein Lehrer sie bezeichnete, »Hung Maotse«, was »Revolution und wilde Wut« bedeutet. Ein chinesischer Bauer aus der östlichen Provinz Anhuei, Tschu Yüan-Tschang, nutzte die Revolte der »Roten Turbane« aus und trieb die Mongolen hinter die Große Mauer zurück. 1365 gründete er die Ming-Dynastie; ming bedeutet glänzend. Unter seiner und seines Sohnes Herrschaft wurde die Große Mauer wiederhergestellt und auch sonst Hervorragendes geleistet. Große Handels-Expeditionen wurden bis Ostafrika ausgeschickt, sieben dieser Expeditionen wurden von einem verwegenen Eunuchen geführt. In der Regierungszeit des ersten Ming-Kaisers wurde die Hauptstadt von Peking, der »Nördlichen Hauptstadt«, nach Nanking, der »Südlichen Hauptstadt« verlegt. Jahrhunderte später wurde Nanking für siebzehn herrliche Jahre mein Wohnsitz. Nanking ist eine einzigartige Stadt. Sie ist von einer mächtigen Mauer umgeben, die so viel Land umschließt, daß die Bevölkerung im Falle einer Belagerung daraus ernährt werden kann. Ich lebte dort in einem hübschen Haus mit einem Garten und einem Bambusgehölz. Das Ganze war, wie bei allen derartigen Häusern, von einer hohen Mauer umgeben; durch ein schmiedeeisernes Tor gelangte man zu den Höfen. Zu unseren Lieblingsausflügen gehörte die Fahrt mit der Kutsche zu den alten Ming-Gräbern. Die Stadtmauer hatte neun Tore, weil, wie man mich belehrte, beim Tode eines Kaisers neun Leichenzüge durch die verschiedenen Tore die Stadt verließen. Sie gleichen einander aufs Haar, so daß man nicht erkennen konnte, in welchem der Kaiser tatsächlich zu Grabe getragen wurde. Jedenfalls näherte man sich den Kaisergräbern auf einer breiten Allee, die von riesenhaften Figuren gesäumt war, von steinernen Soldaten und mythologischen Tieren.

Die Ming-Dynastie, so großartig sie war, herrschte nur kurz. 1644 nutzten die Mandschu lokale Auseinandersetzungen aus, um in China einzufallen. Die Hauptstadt war nach dem Tode des ersten Ming-Kaisers wieder nach Peking verlegt worden. Trotz erheblicher Fortschritte auf vielen Gebieten hatte der Luxus der Großgrundbesitzer die Bauern verärgert, und das führte, wie immer, zu Aufständen und zum Verfall des Nationalgefühls. Es gab Aufruhr im Volk, Unzufriedenheit und Streiks, und der Volkszorn richtete sich gegen die Eunuchen, die bei Hofe sehr viel Einfluß besaßen. Das war der innenpolitische Aspekt, dazu kamen die Angriffe japanischer Piraten an der Küste. Ein Kaiser, im Norden, beging Selbstmord. So ergriffen die Mandschu im Jahre 1644 die Macht. Im Süden leisteten einige Provinzen unter einem anderen Kaiser noch eine Zeitlang Widerstand, aber schließlich erlitt auch dieser Kaiser eine entscheidende Niederlage und floh nach Formosa oder, wie es heute genannt wird, nach Taiwan.
Als ich in Nanking lebte, kam es nach dem Untergang der T'sing-Dynastie wieder zu einem Aufstand. 1911 wurde schließlich die ganze Regierung Chinas durch junge Männer umgekrempelt, die meist auf westlichen Missionsschulen erzogen worden waren. Es folgte die Periode eines entscheidungslosen Bürgerkrieges zwischen verschiedenen Generalen. Dann rief man die sowjetrussischen Kommunisten zu Hilfe. Gegen diese wandte sich wiederum Tschiang Kai-schek, der in Nanking eine nationale Regierung konstituiert hatte. Ich lebte damals unter dieser Regierung, bis man klar erkennen konnte, daß Japan China angreifen würde.
Tschiang Kai-schek war fest entschlossen zu lernen, was eine Republik ist, wie man mit ihr regiert und wie man ein altes Land in eine moderne Nation verwandelt. Sein Mangel an Erfahrung war ein schweres Handicap für ihn. Er war in erster Linie Soldat und mußte deshalb zunächst selbst lernen, was die

Dies ist ein Bild aus der Zeit des Bündnisses zwischen den Armeen Tschiang Kai-scheks und Mao Tse-tungs. Sie hatten sich 1937 zusammengetan, um gegen die Japaner zu kämpfen. Damals verteidigten sie gemeinsam ihre Rückzugsstellungen im Gebirge, wo dieses Bild aufgenommen wurde. Links die Flagge der Kommunisten, rechts die der Nationalen Republik. Zwei der Soldaten tragen den Sowjetstern auf der Mütze, der dritte gehört zur Nationalarmee. Das Bündnis war nicht von langer Dauer.

中華民族解放萬歲

Ein hübsches Bild. In der Ferne sieht man das Gebirge, in der Mitte einen großen Fischteich mit einem Steg, zu dem Stufen hinunterführen. Bäume beschatten das Ufer. Im Vordergrund sind Gemüsebeete, die gegen Sonne oder Frost abgedeckt sind, man kann das nicht unterscheiden. Ein Bauer trägt zwei Körbe an einem Schulterjoch. Das hübsche Haus hinten rechts könnte ein Tempel sein oder ein Familiengrab, vielleicht einfach ein schönes Landhaus – man weiß es nicht. Die Straße, die durch gepflegte Felder führt, endet bei einem großen Bauernhaus am Fuß eines bewaldeten Hügels.

Auch in jedem anderen Lande wäre das wohl ein reicher Bauernhof. Es ist das Haus, in dem Mao Tse-tung geboren wurde und aufwuchs, in Schaoschan in der Provinz Hunan. Von hier ging er zur Schule und später zur Universität. Ob er jemals auf diesen Feldern gearbeitet hat? Haben sein Vater und sein Großvater gearbeitet? Anscheinend kann niemand diese Fragen beantworten. Jedenfalls ist es ein schöner Ort als Geburtsort und als Stätte der Kindheit. Glücklicher Mao Tse-tung!

Mao Tse-tung und seine Familie, aufgenommen an seinem Geburtsort. Man sieht, es war keine arme Familie. Links Mao Tse-min, der jüngere Bruder. Dann der Vater, der Großvater und schließlich Mao-Tse-tung selbst. Der jüngere Bruder trägt offenbar die Schuluniform. Die anderen sind in die traditionellen, langen chinesischen Röcke gekleidet. Vater und Großvater tragen die typischen Jacken aus schwarzem Satin über ihren Röcken aus Satin oder Seide. Dazu die kleinen schwarzen Kappen mit Knöpfen, die aus roter Seide geknüpft sind. Der Großvater sitzt auf dem Ehrenplatz links vom reich dekorierten Tisch. Der Vater sitzt auf dem zweiten Ehrenplatz. Mao Tse-tung, als ältester Sohn, steht neben dem Großvater, der jüngere Bruder, wie es sich gehört, neben dem Vater.
Das Gesicht des jungen Mao ist rebellisch, ernst, eigenwillig, ein Gesicht, wie man es bei vielen jungen Menschen heute findet.

neuen Ideen eigentlich bedeuteten. Seine Kenntnisse von der modernen Welt waren höchst begrenzt. Nie hatte er den Westen gesehen. Einige Jahre militärischer Ausbildung in Japan, einige Monate in Rußland – das war alles, was er außerhalb Chinas erlebt hatte.

Außerdem konnte er nicht wagen, seine Armee aufzulösen. Immer noch gab es in China mehrere militärische Gouverneure, die alle auf den verwaisten oder nicht mehr existenten Kaiserthron spekulierten. Das war ein normaler Vorgang in der Geschichte. Früher wäre der Sieger einfach zum neuen Kaiser ausgerufen worden und hätte eine neue Dynastie begründet. Auch jetzt wurde weiter um die Alleinherrschaft gekämpft. Deshalb konnte Tschiang Kai-schek seine Armee auch nicht entlassen, die sich aus den Leuten rekrutierte, mit denen er den Kommunisten Widerstand geboten hatte. Mit dieser Privatarmee kämpfte er gegen seine Konkurrenten, tötete den einen, verhandelte mit dem nächsten, alles mit dem Ziel, das Land unter seiner Führung zu einen.

Gleichzeitig versuchte er, auch mit den Kommunisten fertig zu werden, die er Meile für Meile auf ihrem unvorstellbaren »Langen Marsch« bis in den äußersten Nordwesten zurückdrängte. Ohne die Erscheinung und die Führerpersönlichkeit von Mao Tse-tung hätten die Kommunisten wohl kaum die unerhörten Entbehrungen dieser Zeit durchstehen und ihre Solidarität bewahren können. Dieser Mann, Sohn eines wohlhabenden Bauern, war selbst von den orthodoxen Kommunisten aus der Partei ausgeschlossen worden. Mit ihnen hatte er unüberbrückbare Differenzen wegen seiner Überzeugung, daß die Bauern in der Revolution die wichtigste Rolle zu spielen hätten. (Und nicht die Arbeiterklasse, wie es die Überzeugung der von Stalin dirigierten Komintern war – Anmerkung des Übersetzers.) Noch nie war eine Revolution in China erfolgreich verlaufen, wenn nicht ein festes Bündnis zwischen den Bauern und den

Intellektuellen existiert hatte. Mit Mao als Führer wurde die ganze revolutionäre Energie auf die Bauern konzentriert, und das führte zum Erfolg. Ob es ein Naturgesetz ist, daß sich auch diesmal wieder die Menschen ihren individuellen Fähigkeiten entsprechend gruppieren werden, wird die Zukunft ergeben. Intelligente und findige Menschen stiegen in jedem Volk unweigerlich auf. Sie bilden eine neue Elite, gegen die die weniger Fähigen unvermeidlich rebellieren. Das ist nun einmal der Lauf der Dinge in jeder Nation. Nirgendwo trifft das mehr zu als in China, wo die Intellektuellen gemeinhin aus bäuerlichen Schichten stammten und sich durch die kaiserlichen Examen für die Verwaltungsämter in der Regierung qualifizierten. Wer dabei scheiterte, wurde wenigstens Lehrer und damit ebenfalls Angehöriger einer Elite.

Als Präsident der Nationalen Chinesischen Republik kämpfte Tschiang Kai-schek heldenhaft mit all den Problemen seiner Zeit, wobei das Hauptproblem die Bildung einer lebensfähigen Regierung war. Es war eine Zeit höchster Unsicherheit. Viel ist über die Korruption und die riesigen Summen erzählt und geschrieben worden, die auf ausländische Banken transferiert wurden. Ohne solche Praktiken gutzuheißen, muß man jedoch fairerweise daran erinnern, daß man damals eine Niederlage Tschiang Kai-scheks für sehr wahrscheinlich hielt. In diesem Fall hätte es keinen Ort gegeben, wohin er und seine Mitarbeiter sich hätten retten können. Ihre einzige Sicherheit war dieses Geld, unter solchen Umständen wäre die Anhäufung derartiger Privatvermögen für jedes Regime wahrscheinlich gewesen.

Dennoch erzielte die Nationale Regierung gewisse Erfolge. In den Provinzen wurden Colleges und lokale Schulen eröffnet. Straßen wurden gebaut, und eine Art Beamtenschaft schien sich zu etablieren. Hätte Frieden geherrscht und hätte er mehr Zeit gehabt, so hätte Tschiang Kai-schek durchaus Erfolg mit

Ein anderes Bild von Mao Tse-tung, aufgenommen 1934 auf dem »langen Marsch«. Mao reitet auf einem kleinen Pferd. Er ist überzeugt davon, daß er 100 000 Menschen der Freiheit entgegenführt. Sein Gesicht hat sich verändert. Seine Begleiter gehen zu Fuß, er sitzt zu Pferde. Er ist schließlich ihr Führer. Seine Aufgabe ist gewaltig. Er trägt derbe Kleidung. Die Landschaft ist grau und eintönig. Er hat noch einen weiten Weg vor sich. Er ist für alle verantwortlich.

Wie sehr unterscheidet sich jetzt sein Gesicht von dem des rebellischen Jünglings im bequemen Haus seiner Eltern. Sein Gesichtsausdruck ist zuversichtlich, kühn, verwegen und – ja, ehrlich. Der Blick ist entschlossen nach vorn gerichtet, der Mund ist sensibel, aber ruhig; nicht mehr mürrisch und verbissen. Dies Gesicht flößt Vertrauen ein, es gehört einem Mann, der entschlossen, aber nicht gefühllos ist. Er ist noch unterwegs, aber schon ein Führer, dem die Menschen folgen werden. Ich habe von Mao Tausende von Bildern gesehen. Dies scheint mir eines der besten. Vielleicht zeigt es die Wahrheit.

Maos Unterstand in Yenen. Die offene Tür führt zu seinem Raum. Daneben wohnten Tschou En-lai und Liu Schao-tschi, der spätere Präsident der Volksrepublik China.

Maos Unterstand in Yenen von innen. Er diente ihm als Hauptquartier nach dem langen Marsch. Auf diesem 1964 aufgenommenen Bild sieht man ein kunstvoll durchbrochenes Fenster und einen schönen Tisch aus wertvollem Holz. Auf dem Tisch Schreibgerät und Teegeschirr. Der Stuhl ist einfach, aber ein solides altes Stück. Der Hocker mit einem Polster und die Holzbank dienen als Sitze für Besucher. Der Boden ist aus Ziegelsteinen.

Das Muster des großen Fensters ist in seiner Vielfalt sehr interessant. Alle diese Muster haben eine alte Tradition. Sicherlich ist das Fenster nicht verglast, sondern mit dünnem Reispapier beklebt.

Dieser Raum ist darum so interessant, weil Mao hier studiert, geschrieben und die Pläne für die Revolution ausgearbeitet hat, eine Revolution, die noch nicht beendet ist. Hier plante er sein Vorgehen gegen Tschiang Kaischek und den Widerstand gegen die Japaner.

An diesem stillen Ort mit seiner Würde und düsteren Schönheit fand er die Kraft, die das Schicksal seines Landes so nachhaltig beeinflußt hat.

seiner nationalen Regierung haben und als ein guter erster Kaiser der Begründer einer neuen Dynastie werden können. Bestimmt hätte seine neue und westlich erzogene Frau Sung Mei-ling eine schöne und hilfreiche Kaiserin abgegeben. Leider jedoch herrschte weder Frieden, noch blieb ihm viel Zeit. Im Frühjahr 1927 hatte sich Tschiang Kai-schek von den Kommunisten getrennt. 1931, lange bevor er eine arbeitsfähige Regierung hatte bilden oder China gar unter seiner Herrschaft hatte einigen können, besetzten die Japaner die Mandschurei. Er wandte sich an den Westen und bat um Hilfe oder wenigstens um eine Mißbilligung dieser Aggression. Die Antwort war Schweigen. England schwieg aus Rücksicht auf seine Handelsbeziehungen. Die Vereinigten Staaten ließen einen windelweichen Protest durch eine einzige offizielle Persönlichkeit äußern. Unterdessen setzten die Japaner ihren Vormarsch nach Süden fort, wobei sie jene Gebiete im Auge hatten, die ihnen in China nach dem Ersten Weltkrieg von den westlichen Mächten zugesprochen worden waren.
Das war zuviel. In der allgemeinen Empörung erhoben die chinesischen Kommunisten Anspruch auf die Führung des chinesischen Volkes. Diese Empörung hatte tiefreichende Wurzeln. Wieder und wieder hatte das landhungrige Inselvolk der Japaner sein Auge auf die weiten Gebiete Chinas geworfen. Die letzte Aggression war 1894 gewesen, wobei neben anderen Brückenköpfen Formosa besetzt worden war. Gleichzeitig erhob Rußland Anspruch auf die maritimen Provinzen.
Einer erpresserischen Forderung der Kommunisten nachgebend, die ihn »gekidnappt« hatten, schloß Tschiang Kai-schek ein Zweckbündnis mit ihnen gegen die Japaner. Dennoch ist es fraglich, ob die Chinesen hätten siegen können, wenn es nicht zu dem Debakel von Pearl Harbor gekommen wäre. Das brachte die Vereinigten Staaten als Verbündete Chinas in den Krieg und rettete das Land.

Manchmal wird die törichte Frage gestellt, wie wir Amerikaner China »verlieren« konnten. Dazu sei gesagt, daß wir China niemals »verloren« haben, sondern daß wir uns selbst unsinnigerweise von ihm losgesagt haben, als die Revolutionäre die Macht ergriffen und ein kommunistisches oder, wie die Chinesen es heute selbst nennen, ein sozialistisches Regime errichteten. Die Dinge sind ganz einfach. Im Zweiten Weltkrieg kämpften die Chinesen, Kommunisten wie Nationalisten, zusammen mit den Amerikanern auf chinesischem Boden gegen die Japaner. Als der Sieg errungen war, zogen die Amerikaner und die Nationalisten weiter, um die Japaner endgültig niederzuringen. Auch die Kommunisten zogen ab – aber sie hinterließen »Zellen«. Als die Japaner schließlich geschlagen waren und kapitulieren mußten, kapitulierten sie in China vor diesen kommunistischen Zellen, die die einzigen waren, die überhaupt eine Kapitulation entgegennehmen konnten. So wurde die Ausgangsbasis für die Regierungsübernahme der Kommunisten geschaffen.
Das war vorauszusehen, und ich habe es vorausgesehen. Aber meine Warnungen stießen auf taube Ohren, taub infolge gänzlicher Unkenntnis. Die Versuche, Nationalisten und Kommunisten später unter einen Hut zu bringen, waren zum Scheitern verurteilt, bevor man sie begonnen hatte, und ich wunderte mich, daß die Amerikaner das nicht begreifen konnten. Noch bestürzter war ich, daß sich die Amerikaner selbst von dem größten und für sie wichtigsten Land der Erde so vollkommen distanzierten. Inzwischen hatte sich Tschiang Kai-schek, wie der letzte Kaiser der Ming-Dynastie, auf der schönen und blumenreichen Insel Formosa in Sicherheit gebracht. Er hatte von Anfang an erkannt, wie hoffnungslos seine Lage war. Dort lebt er mit seiner Familie und seinen Gefolgsleuten und träumt seine Träume wie alle Menschen. Die Jahre vergingen. Er ist jetzt ein alter Mann, würdig, zurückhaltend, stolz. Für die Vereinigten Staaten, seinen Verbündeten, stellt seine Insel eine

wichtige militärische Basis für eine Politik dar, die man »Eindämmung des Kommunismus« getauft hat.
Kürzlich hat mir ein chinesischer Freund, der gerade aus China zurückgekommen war, einen langen, ausführlichen Brief geschrieben, der mit den Worten schloß:
»Das chinesische Volk wird allmählich wieder müde. Es möchte wieder zu der gewohnten Lebensweise ›heimkehren‹.«

III

Unter den zahllosen grossen Namen, die die Geschichte Chinas in Vergangenheit und Gegenwart hervorgebracht hat, überschattet einer alle anderen: K'ung-fu-tse, latinisiert Konfuzius. Das hat mir mein Lehrer Kung schon früh beigebracht, und deshalb hat seit meiner frühesten Kindheit Konfuzius mein Denken, meine Lebensweise, meine Persönlichkeit beeinflußt. Konfuzius ist mein Bezugssystem. Als ich die griechischen Philosophen studierte, entdeckte ich die Ähnlichkeit zwischen den Lehren Platos und denen des großen Chinesen. Aber Konfuzius lag mir mehr wegen seiner Verbindung von hoher Moral mit praktischem Realismus.

Mein Freund Lin Yutang behauptet, daß die Chinesen, im Gegensatz zu den westlichen Völkern, eine Nation mit weiblichem Charakter sind. Er meint damit jenen praktischen Realismus, der die Frauen in aller Welt auszeichnet. Ich bin überzeugt, daß die Chinesen diese Seite ihres Charakters dem Einfluß des Konfuzius verdanken, der stärker war als alles andere bis zum Auftauchen des modernen Kommunismus im Jahre 1921. Deshalb bekämpfen die modernen Reformer vor allem anderen den Konfuzianismus und versuchen, seine Spuren auszulöschen. Denn er ist realistisch und praktikabel. Er verliert sich nicht in riesigen spekulativen Utopien. Sein Denken ist konkret, und er verabscheut die Abstraktion. Er regt den Geist an, verliert sich aber nicht in Phantasien. Auf Kosten der Kreativität baute er seine Lehre auf den Erfahrungen der Vergangenheit auf. Dennoch leistet er einzigartige Hilfe auf der

Der »Tempel des Himmels« in Peking. Ich habe ihn oft besucht und seine edlen, in ihrer Einfachheit großartigen Proportionen bewundert. Das dreistufige Dach ist mit blauen Ziegeln gedeckt, etwas dunkler als der blaue Himmel, etwas heller als königsblau.
In diesem Tempel brachten die Kaiser als Mittler zwischen Himmel und Erde, zwischen den Menschen und Gott an den vorbestimmten Tagen die Opfer des Volkes dar und flehten im Namen des Volkes um Gnade und Segen des Himmels. Die Himmelsvorstellung der Chinesen unterscheidet sich nicht von der in allen anderen Religionen. So viele verschiedene Götter es auch geben mochte, das höchste Wesen ist »unser Vater im Himmel« – Lao T'ien Yeh. Der höchste Herrscher auf der Erde – der Kaiser von China – war das einzige menschliche Wesen, das erhaben genug war, um sich dem Herrscher des Himmels zu nähern.
Im heutigen China gibt es weder einen Kaiser noch einen himmlischen Herrscher, nur den Vorsitzenden Mao. Deshalb dürfen die Menschen kommen und gehen. Laßt die Kinder ruhig auf den Marmorstufen spielen, ja, laßt sie ruhig auf dem heiligen Altar spielen, vor dem selbst der Kaiser niederknien mußte.

马克思列宁主义万岁!

Suche nach dem tieferen Sinn des Lebens. Das hat nichts mit Religion zu tun, er weicht den Religionen aus und erklärt sein Desinteresse an den Göttern und dem Leben nach dem Tode. Konfuzius war ein Moralist in seinem Glauben an die Ordnung und in seiner Überzeugung und Lehre, daß es für alles, was man im Leben tut, eine bestimmte, richtige Art und Weise gibt, in der man es tun sollte, bis hin zu der Lage, die man im Bett vor dem Einschlafen einnehmen soll. Ordnung, Anstand, Selbstdisziplin, Rücksicht auf den Nächsten und die richtige Verhaltensweise in jeder Beziehung – darauf kam es ihm an. Denn wie kann, so fragt Konfuzius, jemand dazu berufen sein, andere zu kontrollieren, wenn er sich selbst nicht zu kontrollieren vermag. Alles, was der Mensch unternimmt, muß mit der Natur übereinstimmen, harmonisch mit den Winden und dem Wasser, im Gleichgewicht zwischen Yang und Yin. Dabei werden aber Yang und Yin nicht etwa als antagonistische Kräfte begriffen. Im Gegenteil, sie wirken zusammen und formen den vollkommenen Kreislauf des Lebens.

Als Anhänger des Konfuzius lehrte mich Herr Kung also, daß die überlegene Persönlichkeit stets ruhig und beherrscht sein muß. Sie verliert niemals die Nerven und wird niemals handgreiflich. Sie ist immer korrekt in ihren Beziehungen zu den Mitmenschen, gibt jedem, was ihm gebührt, ist aber von niemandem abhängig. Allerdings hat Konfuzius, wie Paulus, eine geringe Meinung von den Frauen, aber ich wage zu behaupten, dies sei nur darauf zurückzuführen, daß er eine herrische und anmaßende Frau hatte. In der Theorie trat er deshalb für die Unterwerfung der Frauen ein. Da ich natürlich auch unter dem Einfluß der Lehren meines Vaters stand, der eine besondere Verehrung für Paulus hegte, akzeptierte ich meine eigene weibliche Inferiorität mit Gleichmut und ohne Verbitterung. Das war gar kein schlechter Anfang, denn diese frühe Gewöhnung an die christlich-konfuzianische Lehre bereitete mich gut auf meine spätere Karriere als Schriftstellerin in meinem eigenen Land vor. Als ich nämlich die mir als Frau gesetzten Grenzen gleich soweit überschritt, daß ich den Nobelpreis für Literatur erhielt und dabei sogar noch der zweitjüngste Gewinner dieses Preises war, konnte mich der entrüstete Aufschrei aller Männer, die selbst Schriftsteller oder Kritiker waren, kaum noch überraschen. Meine Erziehung in China hatte mich darauf vorbereitet. Ja, ich fühlte sogar mit ihnen und war etwas beschämt. Dank Konfuzius und Paulus habe ich mein Leben als Frau außerordentlich genossen. Ich habe stets, obwohl minderwertig, ein recht dickes Fell gegenüber der männlichen Arroganz gehabt und mit dem größten Vergnügen das getan, was ich tun wollte. Denn wie sagt doch Konfuzius? Was kann man schon von einer Frau erwarten?

Da die Chinesen keine nationale oder Staats-Religion hatten, war der Konfuzianismus ihr moralisches Grundgesetz, das ihnen vorschrieb, wie man sich richtig zu verhalten habe. Es machte klar, wer zu befehlen und wer zu gehorchen hatte. Deshalb war es kein Wunder, daß die jungen Revolutionäre in China, die jungen Literaten, sich zuerst gegen die Konventionen der Lehre des Konfuzius wandten. Tschen Tu-hsiu zum Beispiel, der die kaiserlichen Examen mit Auszeichnung bestanden hatte, verwarf diese Lehre öffentlich und beleidigte sogar Konfuzius. Er reiste nach Japan und Europa und gab 1915 eine revolutionäre Zeitschrift heraus, »La Jeunesse«, die jeder chinesische Literat las. In der Zeitschrift wurde vor allem ein ideologischer Kampf gegen die traditionellen Werte des Konfuzianismus geführt. »Selbst wenn unsere ganze alte Kultur verschwinden würde«, sagte er einst, »wäre das immer noch besser, als wenn unsere Rasse untergeht, weil sie unfähig ist, sich den Bedingungen der modernen Welt anzupassen.« Ich war damals auf meinem College in Virginia, aber ich beobachtete trotzdem genau, was meine chinesischen Freunde taten

Die berühmten buddhistischen Höhlen von Lungmen in Zentralchina aus dem achten und neunten Jahrhundert, der Missionsepoche des Buddhismus. Jede der großen Religionen der Menschheit hat, wie das Christentum, ihre Missionsepoche gehabt. Die buddhistischen Missionare kamen aus Indien nach China, Korea und Japan und allen anderen asiatischen Ländern. Es gibt sogar handfeste Beweise dafür, daß sie Nord- und Südamerika besuchten.
Zunächst wurde die Jugend im neuen China dazu ermutigt, die alte Kultur des Landes zu respektieren und zu studieren. Dieses Bild aus dem Jahr 1965 zeigt keine frommen Pilger aus vorrevolutionärer Zeit, sondern junge Pioniere des neuen China mit ihren roten Halstüchern, die die Denkmäler der Vergangenheit bewundern. Inzwischen hat aber die Kulturrevolution stattgefunden, die sich die Beseitigung der »alten Ideen, Kultur, Sitten und Gewohnheiten« zum Ziel gesetzt hatte. Die Zerstörung der alten und edlen Vergangenheit bedeutet jedoch auch die Zerstörung der Gegenwart und der Zukunft eines Volkes. Sie ist ein Verlust für die gesamte Menschheit.

und schrieben. Darüber vergaß ich keineswegs meinen alten Lehrer Kung und die edlen Vorstellungen, die er von der Ethik des Konfuzius hatte. Noch heute gibt es mir einen Stich, wenn ich diese billigen »Konfuzius sagt...-Witze« höre. Wir Amerikaner wissen genausowenig über Konfuzius wie die Chinesen über Jesus, obwohl es seltsamerweise gewisse Ähnlichkeiten zwischen den beiden gibt, wenn Konfuzius auch fünfhundert Jahre vor Jesus lebte. Auch Konfuzius war ein Wanderprediger, der seine Anhänger überall und nirgends suchte. Konfuzius wuchs auf, ohne seinen eigenen Vater zu kennen, und so nannte er sich »Menschensohn«, die gleiche Bezeichnung, die auch Jesus später für sich gebrauchte. Er war arm und wurde von den Selbstbewußten und Erfolgreichen verachtet, aber er hielt unbeirrbar an seinen Überzeugungen fest. Manche seiner Lehren waren ausgesprochen christlich. Er war es, der als erster jene goldene Regel formulierte, die auch Jesus später gebrauchte: »Tue deinem Nächsten nicht an«, lehrte Konfuzius, »was du nicht wünschst, daß man es dir antue.«

Heutzutage sind die jungen Menschen in China nicht mehr in der Weisheit des Konfuzius erzogen. Als Lin-Yutang nach China zurückkehrte, noch ehe der Kommunismus an die Macht kam, wurde er niedergeschrien, als er über Konfuzius sprach. Es ist sogar möglich, daß der Mann, der vor Jahrtausenden sein Leben opferte, um das Land zu retten, indem er im Chaos eine Ordnung schuf und ein Moralgesetz in der Barbarei, in diesem Lande heute vollkommen unbekannt ist. Aber seine Worte sind unsterblich, weil sie wahr sind, und eines Tages wird die Wahrheit triumphieren. An diesem Tage wird Konfuzius wieder zu seinem Recht kommen.

Ist es nicht ein merkwürdiger Vorgang, daß seine Lehren und seine Worte hier in Amerika in meinem Herzen so lebendig und ein integrierender Teil meines Wesens geblieben sind? Ich blicke aus dem Fenster gegenüber dem Arbeitstisch in meinem

Haus in Vermont, und was ich sehe, ist sehr amerikanisch. Es ist der Tag vor Weihnachten. Der Baum unten ist schon geschmückt, und unter ihm häufen sich die Geschenke. Stechpalmenzweige aus unserer Heimat in Pennsylvanien schmücken das ganze Haus. Weihnachten verbringen wir immer im Schnee von Vermont, denn Skifahren ist ein Teil unseres Ferienvergnügens. Unten spielt jemand Weihnachtslieder. Ich aber sitze hier allein und schreibe über eine andere Welt, die gleichzeitig meine Welt ist, in der ich ständig lebe, denn mein Geist, mein Herz und mein Bewußtsein sind von jenem Weisen geprägt, der fünfhundert Jahre vor Christus lebte.

Wie Jesus wurde auch Konfuzius, solange er lebte, nicht anerkannt. Er suchte die Herrschenden auf, ermahnte sie, flehte sie im Namen des Volkes an und bemühte sich, ihnen durch seine Lehren und sein Beispiel zu zeigen, wie sie ihrer hohen Stellung würdig sein und ihrer Verantwortung gerecht werden könnten. Aber da er kein Religionsstifter war, hatte er auch keine neuen Evangelien zu verkünden. Seine Weisheit schöpfte aus der Weisheit der Vergangenheit, aus der Weisheit seiner Vorgänger. In den »Vier Büchern« sagt er: »Ich übermittle nur, ich schaffe nichts Neues. Ich liebe die Weisen der Vergangenheit und bleibe ihnen treu.«

Die jungen Chinesen beklagen sich, daß die Selbstkontrolle des Konfuzius unerträglich sei. Aber seine eigene Persönlichkeit widerlegt diesen Vorwurf. Er hat nämlich einen psychologischen Vorgang bloßgelegt, den die abendländischen Psychologen erst in unseren Tagen entdeckt haben. Handle, als ob du die Persönlichkeit wärest, die du sein willst, und du wirst zu dieser Persönlichkeit werden, sagt man uns heute. Genau das ist der eigentliche Kern der Philosophie des Konfuzius. Er lehrt, daß unser zur Schau getragenes Benehmen und die Kontrolle desselben unser Inneres und damit unsere Persönlichkeit formen. Rituale und Sitten sind darum so wichtig, lehrte er uns, weil die

Rituale die Gesellschaft zu einer Einheit werden lassen, und weil gute Sitten – Höflichkeit, Güte und Selbstlosigkeit – einen Menschen veredeln.

Konfuzius lebte seine eigenen Lehren vor wie alle großen Weisen, doch glaubte er sich zu seinen Lebzeiten nicht entsprechend gewürdigt. Als er sein Ende nahen fühlte, weinte er und sagte zu seinen Schülern: »Kein intelligenter Herrscher ist gekommen und hat mich zu seinem Lehrer berufen, und nun muß ich sterben.«

Trotz alldem wurde die Philosophie des Konfuzius zur Grundlage der chinesischen Gesellschaft, obwohl sie immer und immer wieder von stürmischen jungen Reformern und Rebellen verworfen worden ist. Denn ob die Revolutionen alterten und abstarben, wenn erst wieder Ordnung herrschte, dann gründete sich diese Ordnung auf den Lehren und ethischen Prinzipien des Konfuzius. Es kommt darauf an, das starke, vitale, emotionelle chinesische Volk in Zucht und Ordnung zu halten – nicht in der Zucht der Tyrannen, die es nie lange duldet, sondern in jener Selbstzucht, die allein die Voraussetzungen schafft, in der ein Leben in Würde und Anstand sich entfalten kann. Nur unter solchen Voraussetzungen können sich Persönlichkeiten entwickeln, die des Vertrauens des Volkes würdig sind, lehrt uns Konfuzius.

Hier soll jedoch nicht der Eindruck entstehen, daß Konfuzius der einzige war, der der chinesischen Kultur die philosophischen Grundlagen gegeben hat, mit denen ich aufwuchs. In dieser Kultur war durch die Jahrtausende immer wieder der Aktion die Reaktion gefolgt. In Konfuzius kristallisierte sich die Vergangenheit als Maßstab für Gegenwart und Zukunft. Das war seine Wirkung. Die Gegenwirkung ging von einer anderen großen Gestalt aus, ohne deren Philosophie die chinesische Zivilisation wahrscheinlich statisch geblieben wäre und stagniert hätte. Dieser Mann war Lao-tse. Manche Gelehrte zweifeln daran, ob Lao-tse tatsächlich gelebt hat. Das ist jedoch eine verhältnismäßig unwichtige Frage. Denn Tatsache ist, daß eine Reaktion auf die rationalistischen Lehren des Konfuzius eintrat, die sicherlich im Denken und in den Emotionen eines willensstarken, unabhängigen, zur Opposition neigenden menschlichen Wesens begann, dem man den Namen Lao-tse gegeben hat. Seine Philosophie nennt man Taoismus.

Herr Kung unterrichtete mich auch sorgfältig in den Lehren des Tao – wenn auch zugegebenermaßen nicht mit dem gleichen Enthusiasmus wie in denen des Konfuzius. Dennoch erkannte er an, daß der energische Lao-tse mit seiner Betonung des Individuums, der Gefühle und der Natur ein notwendiges Gegengewicht gegen die starre Gesetzmäßigkeit des reinen Konfuzianismus geschaffen hat. Er empfahl daher eine Kombination aus den beiden Lehren:

»Dein Verhalten bestimme Konfuzius, deine Gefühle und Gedanken Tao«, sagte er und schloß damit seine Dissertationen über den Taoismus.

Tatsächlich war der Taoismus für die Entwicklung der chinesischen Kultur und des chinesischen Denkens lebenswichtig, denn er schuf die Voraussetzungen für die Entwicklung der Künste, vor allem der Malerei und der Musik. Zwar räumte auch Konfuzius der Musik einen hohen Rang für die Entwicklung des Charakters ein. Er liebte die Musik und unternahm lange Reisen, um Lieder und Melodien der Vergangenheit zu sammeln. Aber die schöpferische Freiheit für das Entstehen neuer Werke als Ausdruck der menschlichen Persönlichkeit brachte erst der Taoismus mit sich.

Professor Kung ermutigte mich, Zither spielen zu lernen, und zwar auf der chinesischen Zither »Yang Ch'ing«. Meine Mutter, die selbst musizierte und an diesem Teil meiner chinesischen Erziehung besonders interessiert war, kaufte mir, von Herrn Kung beraten, eine wunderschöne, schwarz und gold lackierte Zither. Ihre Saiten sind aus Messing und von äußerster Zartheit. Auf diesen Saiten spielt man mit zwei sehr geschmeidigen Bambushämmerchen, dünnen Stäbchen mit angerundeten Enden. Das ergab eine recht anmutige, eindringliche und klare Musik. Die Melodien folgten natürlich der chinesischen Tonleiter, die aus fünf Tönen besteht und ungefähr unseren Tönen A, C, D, F, G entsprechen. Das Lautbild dieser Musik ist klagend und etwas monoton. Kung war ein Experte auf diesem Instrument, und auch ich lernte es ganz gut. Was mag wohl aus meiner Zither in den späteren Revolutionswirren geworden sein? Heute ist der Taoismus Mode bei den sogenannten Avantgardisten des Westens. Aber das ist natürlich nicht der Taoismus, den ich bei Kung studierte. Dank seiner Auslegungen lernte ich so frei und schöpferisch zu empfinden, wie ich es nur wünschte, mich äußerlich jedoch wie ein Anhänger des Konfuzius zu benehmen – nicht nur äußerlich, sondern auch innerlich, zumindest in meiner Liebe zur Ordnung. Bei der Gestaltung von etwas Schönem ist für mich Ordnung das wichtigste. Ein Raum zum Beispiel kann noch so geschmackvoll möbliert sein, aber seine Schönheit entfaltet er erst, wenn Ordnung in ihm herrscht.

Ein höchst wichtiges Ereignis in der Geschichte Chinas war das Einsickern des Buddhismus aus Indien und sein großer Erfolg zur Zeit des Niedergangs der Han-Dynastie. Die Form, in welcher sich der Buddhismus in China verbreitete, war die des Mahayana, eine tröstliche und anregende Form, die sich wunderbar mit dem auf das Praktische gerichteten chinesischen Charakter vertrug. Mit dieser Lehre trat ein neues, widersprüchliches Prinzip auf, in dem sich der grundsätzliche Unterschied zwischen den Chinesen und den Indern widerspiegelt. Die Inter sind sehr religiös und hauptsächlich mit der Entwicklung der individuellen Seele auf dem Weg durch ihr Erdendasein zu ihrer Existenz nach dem Tode beschäftigt. Das chinesische

Volk beschäftigt sich damit wenig. Sein Denken ist auf das Diesseits, auf Harmonie und Glück auf Erden konzentriert. Deshalb haben Religionen nie eine besondere Aufmerksamkeit bei ihm erregt. Hsün-tse, ein Philosoph und Skeptiker, der sogar den Taoismus ablehnte, hat es so ausgedrückt:

> Vergebens forschst du nach dem Ursprung aller Dinge.
> Nimm und genieße sie.
> Denn wahrlich, ich sage dir:
> Gründlicher kann man die Welt nicht mißverstehen,
> als die Natur zu erforschen
> und darüber den Menschen zu vergessen.

Das chinesische Denken hat stets um die Organisation des menschlichen Lebens und sein Verhältnis zur Natur gekreist. Sogar die Gesetzgebung basierte auf einer Übereinstimmung mit der Natur des Menschen, ganz im Gegensatz zu unseren abendländischen Rechtssystemen, deren Prinzipien eher repressiv als human sind. Harmonie ist das Schlüsselwort der chinesischen Zivilisation, und das Individuum, das in Harmonie mit seinen Mitmenschen und mit der Natur lebt, ist das einzig zivilisierte Wesen. Das ist eine Philosophie der Weisheit, die Frieden und Selbstdisziplin erzeugt. Der Taoismus brachte in die Beziehungen des Menschen zur Natur zusätzlich eine gewisse Mystik, aber auch sie war weit entfernt von Religion. Daraus resultierte ein großer innerer Frieden für den chinesischen Menschen, das Gefühl, »zu sein« und nicht »zu werden«. Den Begriff der »Sünde« gab es nicht. Eine Gewalttat war eher ein Mangel an Harmonie als etwas Böses. Moral bestand aus Harmonie zwischen Mensch und Natur, einer Harmonie, die der Religion nahekam, aber nichts Transzendentes an sich hatte. So konnte eine hohe Zivilisation entstehen, voller Ordnung und Anmut, vor allem aber friedlich – auf individueller, nationaler und internationaler Ebene.

Blick auf die Felder einer Volkskommune in der Gegend von Tschunking, der Hauptstadt Chinas im Zweiten Weltkrieg. 1957 war es noch eine Kooperative, ein Vorläufer der heutigen Kommune. Sie umfaßte 5000 Menschen, und die fröhliche Frau im Vordergrund war die Vorsitzende der Kooperative. Sie war zu dieser Zeit dreißig Jahre alt, verheiratet und hatte vier Kinder. Chinesische Frauen sind im allgemeinen gute Organisatorinnen, weil sie von klein auf dazu erzogen werden, einen großen Haushalt zu führen, in dem – jedenfalls bis zur Kulturrevolution – nach alter Sitte mehrere Generationen in Harmonie miteinander lebten. Da alle ernährt und gekleidet werden mußten und da die Arbeit umsichtig auf die einzelnen Familienmitglieder zu verteilen war, da man außerdem nur wenig Geld zur Verfügung hatte, bedeutete das schon etwas.

Am Baum links hängt ein Lautsprecher, durch den die auf dem Feld arbeitenden Angehörigen der Kooperative mit Informationen und Musik versorgt werden.

Die Landschaft ist, wie fast allenthalben in China, überaus reizvoll. Die im Dunst liegenden Berge sind terrassiert, damit die Reissetzlinge unter Wasser gesetzt werden können. Die Häuser der Kooperative sind weit über das Land verstreut.

Die Epoche, in der China vielleicht auf seiner höchsten Kulturstufe stand, waren die vierhundert Jahre der Han-Dynastie in der Zeit um Christi Geburt. Sogar als ich noch in China lebte, mitten im zwanzigsten Jahrhundert, war das größte Kompliment, das man einem Chinesen machen konnte, ihn »einen wahren Sohn von Han« zu nennen. Denn der Einfluß der Han-Dynastie wirkte bis zum Ende der Tsching-Dynastie zu Beginn unseres Jahrhunderts. Zwar brachte jede neue Dynastie gewisse Veränderungen mit sich, aber keine war so elementar wie das Eindringen des Buddhismus aus Indien mit Hilfe indischer Missionare. Gelegentlich hat es wohl Einbrüche aus dem Norden, aus Zentral-Asien, aus der Mongolei und der Mandschurei gegeben, aber die Chinesen sogen sie einfach durch familiäre Vermischung auf. Selbst wenn gewisse Teile Chinas als Folge dieser Aggressionen zeitweise abgesplittert wurden, so war das immer nur vorübergehend, und die Einheit stellte sich bald von selbst wieder her.
In einer solchen, vorübergehend unruhigen Periode gelangte der Buddhismus nach China, genauso wie am Ende der Tsching-Dynastie der Kommunismus nach China kam – in einer Situation, die durch die japanische Aggression und das Erlöschen der Dynastie noch komplizierter wurde. Es gibt noch eine andere Ähnlichkeit. Der Buddhismus hatte seinen Höhepunkt in Indien überschritten und brauchte eine Erneuerung. Indem der Buddhismus mit seiner transzendenten Botschaft von einem erschöpften Volk zu einem anderen, vitalen, sich immer wieder verjüngenden Volk wie den Chinesen gelangte, erneuerte und verjüngte er sich selbst. Denn die Chinesen adaptierten den Buddhismus auf ihre eigene Weise, während der Buddhismus in China keine Wurzeln schlagen konnte, ehe er nicht selbst mit chinesischer Weltanschauung durchtränkt und zu einer Harmonie mit der chinesischen Kultur gekommen war – also zum chinesischen oder Mahayana-

Buddhismus geworden war. Hier ergeben sich Analogien zum Eindringen des Kommunismus im zwanzigsten Jahrhundert.

IV

Nun schreibe ich hier in Vermont schon seit Tagen über das chinesische Volk, und während mein Blick durch das Fenster auf die sonnige amerikanische Winterlandschaft fällt, merke ich plötzlich, daß ich noch nichts über die Landschaften geschrieben habe, in der dieses Volk lebt. Was läßt sich darüber sagen?

Am auffallendsten ist die unendliche Vielfalt des Landes. Ich bin inmitten einer freundlichen Hügellandschaft aufgewachsen, aber am Horizont konnte man schon die Silhouette der hohen Berge sehen. Der höchste von ihnen war der Wu T'ai Schan, der wegen seiner Form auch »Fünf-Gipfel-Berg« genannt wurde. In diesen Bergen lebten die sagenumwobenen Räuber, die die Reichen beraubten, um den Armen zu helfen. Diese Art Räuber sind eine traditionelle Erscheinung in China, vor allem in Zeiten politischer Umwälzungen, wie ich sie beschrieben habe und wie ich sie selbst noch erlebt habe. Ich bin nicht überzeugt, daß diese Räuber immer nur den Armen geholfen haben, aber man erwartete es zumindest von ihnen, und deshalb wurde ihr Treiben auch meist mit einer gewissen Nachsicht betrachtet – jedenfalls von den armen Leuten. Einer der besten Romane der chinesischen Literatur »Schui Hu Tschuan« handelt ausschließlich von einer solchen verschworenen Räuberbande – einer heiligen Zahl des Buddhismus entsprechend waren es einhundertundacht –, die bereits die militärische Taktik des Partisanenkampfes entwickelt hatte. Ich habe ihn unter dem Titel »Alle Menschen sind Brüder« ins Englische übersetzt, ein Titel, den der Verleger durchaus wollte, und dem ich in unverzeihlicher Nachgiebigkeit zugestimmt habe, weil man mir sagte, die Amerikaner würden den chinesischen Titel nicht verstehen.[1]

Dieser Roman ist einer von den drei großen Romanen Chinas. Der zweite, »Drei Reiche«, wurde vor langer Zeit recht gut von dem Engländer S. Brewitt Taylor übersetzt[2], und der dritte, »Hung-lou meng« (Traum des roten Gemachs)[3], wurde nie vollständig übersetzt. Eine Kurzfassung, die nicht sehr gut übersetzt ist, gibt den Reichtum dieser langen und faszinierenden Geschichte nur unvollkommen wieder. Es ist die Geschichte einer kranken Liebe, ihr Held ist ein junger Mann aus reichem Haus. Er ist von zahllosen Konkubinen, Sklavinnen und weiblichen Verwandten umgeben, die ihn mit ihren Aufmerksamkeiten, Gefühlen, Eifersüchten und ihrem Ehrgeiz überhäufen, verwöhnen und ruinieren. Viele, für das Verständnis der Geschichte wesentliche Gedichte, sind nahezu unübersetzbar.

»Schui Hu Tschuan« unterscheidet sich nach Inhalt und Stil vollkommen von den anderen Romanen. Es ist eine urwüchsige Geschichte von harten Männern, grausamen Männern, die, durch Ungerechtigkeit verbittert und von unversöhnlichem Rachegeist getrieben, dennoch ein unbestimmtes Bedürfnis haben, ihresgleichen zu helfen, den Armen und Unterdrückten, die wie sie selbst von der Gesellschaft ausgestoßen worden sind.

Ich erinnere mich im Zusammenhang mit der Veröffentlichung meiner Übersetzung dieses Romans an ein interessantes Zwischenspiel. Kurz vor dem Erscheinen des Buches erhielt ich

1) Deutsch von Franz Kühn: Die Räuber vom Liang Schan-Moor
2) Deutsch von Franz Kühn: Die Drei Reiche
3) Deutsch von Franz Kühn: Der Traum der Roten Kammer

Bauernhaus in Nordchina, unweit von Peking. Der Boden hier ist sandig und eignet sich zum Anbau von Kartoffeln. Die Bäuerin macht aus getrockneten Kartoffeln Kartoffelmehl, aus dem später Nudeln, gefüllte Teigwaren und andere Köstlichkeiten gebacken werden.
Ihre kleine Tochter hilft schon, obwohl ihre schlanken Arme natürlich noch nicht viel ausrichten können. Aber sie lernt dabei, wie es gemacht wird. Das Mahlen von Weizen, Roggen oder Kartoffeln auf der alten Steinmühle gehört von alters her zu den Aufgaben der Frauen.
Das Bauernhaus ist einfach und wohnlich, es hat ein paar Räume und einen Hof. Die vorderen Räume dienen als Lager, die inneren als Wohnung. In dem offenen, aber überdachten Stall steht die gelbe Kuh, leben ein Schwein und ein paar Hühner. Die Mauern bestehen aus luftgetrockneten Lehmziegeln, die im trockenen Norden Schutz gegen die sommerliche Hitze und die Winterkälte gewähren. Bei Überschwemmungen fallen sie allerdings zusammen, aber dieses Risiko ist hier im Norden nicht sehr groß.
Es ist Winter. Die Bäume sind kahl, die Frau und ihr Kind tragen die baumwollenen wattierten Jacken. Aber die Sonne leuchtet hell in der klaren Luft dieser Gegend. Es ist eine gute Jahreszeit.

Diese Entenherde aus einer Kommune bei Schanghai ist auf dem Weg zum Markt. In einigen Tagen werden sie in den Restaurants oder auch in Privathäusern von wohlhabenden Leuten als herrliche Spezialität zubereitet werden. Enten erzielen auf dem Markt gute Preise, und nur wohlhabende Leute können sich eine solche Delikatesse leisten. Peking-Ente ist ein Gericht, das man heute in fast jeder Großstadt der Welt in einem chinesischen Restaurant bestellen kann.
In China werden die Enten auch gepökelt.
Die beiden Bauern sind einfach, aber zweckmäßig gekleidet. Sie treiben die Enten geschickt mit langen Bambusstäben.

eine Einladung zu einem Dinner, das die chinesischen Studenten einer großen Universität für mich gaben. Natürlich nahm ich die Einladung an. Als ich hinging, sah ich zu meinem Erstaunen, daß ich der einzige Nicht-Chinese unter den Gästen war. Ich kannte die chinesischen Sitten zu gut, um nicht sofort zu begreifen, daß sich hinter dieser Einladung mehr verbarg als der Wunsch, mich zu ehren. Aber zunächst verlief der Abend normal und angenehm, und die Unterhaltung blieb ganz allgemein. Erst sehr spät wurde mir der eigentliche Anlaß zu dieser Einladung erklärt. Der Führer der Studentengruppe hielt eine ausgesucht höfliche Rede auf mich, die mit der Bitte endete, ich möge das Erscheinen meiner Übersetzung verhindern.

Etwas verblüfft erkundigte ich mich nach dem Grund für diese überraschende Forderung. War die Übersetzung vielleicht nicht gut?

Im Gegenteil, lautete die Antwort, sie war zu gut, zu genau, und nichts vom Original war ausgelassen oder verfälscht.

»Warum aber dann?« fragte ich.

Als Antwort auf diese Frage wurde mir ausführlich erklärt, daß ich besser daran getan hätte, wenn ich nicht so genau, so wortgetreu und vollständig übersetzt hätte, weil ich dadurch unglücklicherweise gewisse Charakterzüge und Vorkommnisse enthüllt hätte, die den Chinesen in den Augen der Amerikaner ein schlechtes Image geben könnten.

Ich fragte nach Beispielen.

Da wurde zum Beispiel Wusung genannt, der im Roman nicht nur Hundefleisch aß, sondern, in Gefahr zu verhungern, sogar Menschenfleisch. Daraus könne man schließen, die Chinesen seien Kannibalen.

Ich versicherte meinen Gastgebern, es seien Fälle bekannt, daß auch abendländische Menschen vor dem Verhungern ihresgleichen verzehrt hätten, aber ich bin durchaus nicht sicher, daß ich meine jungen chinesischen Freunde wirklich überzeugt

habe. Natürlich erschien die Übersetzung, so wie ich sie geschrieben hatte, wurde ein großer Erfolg und ist später in viele andere Sprachen weiter übersetzt worden.
Diese Empfindlichkeit der Chinesen gegenüber jeder Kritik besteht auch heute noch. Aber ähnliche Empfindlichkeiten gibt es in allen Nationen. Als Charles Dickens vor hundertfünfzig Jahren die Vereinigten Staaten besuchte, war diese Empfindlichkeit des damals noch sehr jungen Amerika eines der Phänomene, auf das er überall stieß und über das er sich ständig lustig machte. Aber er gab zu, daß es in seinem eigenen Lande, in England, und bei allen möglichen Menschen ähnlich sei und machte sich darüber ebenfalls lustig.
Was »Schui Hu Tschuan« betrifft, so habe ich mich der mühevollen Arbeit, diese Geschichte zu übersetzen, nicht nur wegen ihres jahrhundertealten Ruhmes als Meisterwerk der chinesischen Literatur unterzogen (Eigentlich dürfte man in diesem Zusammenhang nicht von Literatur sprechen, denn die Chinesen haben zur Literatur ein sehr moralistisches Verhältnis und betrachten einen Roman bestenfalls als »yea schih«, als Unterhaltung, als Trivialliteratur.), sondern hauptsächlich deswegen weil diese Geschichte einen so überaus wichtigen Aspekt des chinesischen Lebens zeigt, den ich den »Hang zur Rebellion« nennen möchte, und weil es eben in China immer Rebellen gibt. Zu rebellieren gehörte gewissermaßen zu den unveräußerlichen Rechten des Volkes. Deshalb hat es auch so viele Rebellionen gegeben. Sie waren besonders gefährlich, wenn sie von den Bauern ausgingen, und kündigten das Ende so mancher Dynastie an. Und da die gesamte Zeit, während der ich in China lebte, eine Zeit der Rebellionen war, ist es nur natürlich, daß ich diesen Roman für besonders interessant und aufschlußreich hielt.
Aber es gab auch noch einen anderen Grund. Als die kommunistische Revolution in China begann, fiel mir auf, daß die

Wie man hört, gibt es heute in China reichlich Nahrungsmittel. Es gab wohl Jahre, wo das noch nicht der Fall war, aber seitdem man die Fluten so wilder Ströme wie des Gelben Flusses gebändigt hat, gehören Hunger und Mangel wohl der Vergangenheit an. Ich selbst habe immer in fruchtbaren Gegenden gelebt. Auch später, auf meinen Reisen in den Norden, in den Süden und in den Westen Chinas bin ich nie auf Mangel an Nahrungsmitteln gestoßen. Überall waren die Menschen gut genährt. Auf den Märkten wurden Fisch, Wild, Fleisch, Geflügel, Früchte und Gemüse in größerer Auswahl als in jedem amerikanischen Supermarkt angeboten. Ich hatte immer eine stille Abneigung gegen jene Missionare, die für die armen hungernden Chinesen sammelten, denn ich habe nie wirkliche Armut gesehen, bevor ich in Indien war. Allerdings gab es manchmal Überschwemmungen, und die Einwohner bestimmter Regionen mußten evakuiert werden, aber das war stets nur vorübergehend.

Inzwischen hört man, daß nun ein allgemeiner Überfluß an Nahrungsmitteln herrscht, und dies Bild aus einer chinesischen Werkskantine scheint die guten Nachrichten zu bestätigen. Der weißgekleidete Mann mit dem weißen Käppchen ist eine neue Erscheinung in China. Wer auch immer die Götter des neuen China sein mögen – vermutlich gibt es nur den einen Mao Tse-tung –, sie sollen gesegnet sein.

Kommunisten genau die Guerillataktiken befolgten, die die Rebellen aus »Schui Hu Tschuan« schon fünfhundert Jahre vor ihnen angewandt hatten, und deshalb machte ich mich an die Arbeit. Vier Jahre widmete ich diesem Werk in der Illusion, daß, wenn die Vereinigten Staaten eines Tages in einen Krieg in Asien verwickelt sein würden – was mir bereits damals unvermeidbar schien –, sie wenigstens wissen sollten, wie sie mit Strategie und Taktik eines kommunistischen chinesischen Guerillakrieges fertig werden könnten. Man erzählt sich, daß Mao Tse-tung immer eine Ausgabe dieses Räuberromans bei sich getragen habe, und die Kriegführung in Vietnam beruht ganz ohne Zweifel auf diesem Buch. Allerdings bezweifle ich heute, daß je ein amerikanischer Generalstäbler meine Übersetzung dieses großen Romans gelesen hat.
Hinter Wu T'ai Schan lagen die riesigen Felder und Weiden Zentralchinas, wo wir lebten. Der Jangtse, zu dem vergleichsweise selbst der Mississippi nur ein Bach ist, ist die Lebensader Chinas. Seine Quellen liegen im Himalaya, und er schneidet China in zwei Hälften: »Nördlich des Flusses« und »Südlich des Flusses« werden sie genannt. Beide sind riesige Gebiete, denn China ist ein Drittel größer als die Vereinigten Staaten, und seine Landschaft ist noch vielfältiger und reicht von den tropischen Regionen im Süden bis zu den eisigen Wüsten und kahlen Gebirgen im Norden. Die Bevölkerung lebt in riesigen Großstädten, Tausenden von Städten und Millionen von Dörfern. Die Chinesen leben nicht in vereinzelten Bauerngehöften wie die amerikanischen Farmer. Die Bauern leben in den Dörfern ihrer Sippen und gehen von dort aus täglich auf die Felder zur Arbeit. Sie sind sehr gesellig und lieben es nicht, allein zu sein. Ihr größtes Vergnügen ist zu reden, zu schwatzen, zu essen. Sie sind witzig und erfinderisch in Wortspielen. Sind sie schwer zu verstehen? Im Gegenteil, wenn man sich nur die Mühe nimmt, sie zu verstehen und sich in sie hineinzuversetzen.

Leider neigen wir Amerikaner dazu, uns gar nicht erst diese Mühe zu machen. Ein erfahrener Senator sagte einmal zu mir: »Es ist nicht so wichtig, daß wir sie verstehen. Die Frage ist, ob sie uns verstehen!« Er kam allerdings aus Alabama.

So verschiedenartig wie die Landschaft Chinas von den üppigen Reisfeldern »Südlich des Flusses« bis zu den Weizenfeldern »Nördlich des Flusses«, so verschiedenartig sind auch die Eßgewohnheiten. Man kann verallgemeinern und sagen: im Süden ist Reis und im Norden ist Weizen das Grundnahrungsmittel. Nördlich des Flusses ißt man daher viel Brot – ein herrliches Brot –, Nudeln und mit Fleisch gefüllte Teigwaren, die Marco Polo von China mit nach Italien brachte und die wir heute alle als Ravioli kennen. Der Weizen wird auf jede nur erdenkliche Weise verwendet – bald gebacken, bald gedämpft, in Pflanzenöl gesotten, als Kuchen und als Klöße. Außerdem gibt es im Norden auch die Hirse, die dort »saomi« – kleiner Reis – genannt wird. Es gibt eine Unzahl der verschiedensten Gerichte in China, und jede Stadt, jedes Dorf hat seine eigene Spezialität für Feinschmecker. Meine Heimatstadt Tschinkiang in der Zentralprovinz Kiangsu war berühmt für ihren zart geräucherten Schinken. Das chinesische Schwein ist schwarz, borstig, kurzbeinig und sehr beweglich. Jede Bauernfamilie hält sich ein bis zwei Schweine und einige Hühner; im Süden gehört ein Wasserbüffel dazu, im Norden eine gelbe Kuh. Die Bauernfamilien, die ich kannte – und das waren nicht wenige im Norden wie im Süden –, waren alle zufrieden, gut genährt, arbeiteten hart und waren dabei fröhlich und guter Dinge. Ihr Essen war einfach. Es bestand wie überall in China aus dem, was der heimatliche Boden und das Klima hergaben. Die Rezepte der Gerichte richteten sich nach den Erzeugnissen der heimischen Landschaft. Die besten Orangen und Zitrusfrüchte der Welt kommen aus der Provinz Fukien im Norden. Den besten Wein gibt es in Schao-Sching.

Stelzenläufer in Peking beim Sien-Tschiao-Jahrmarkt. Der Stelzenlauf ist ein altes Vergnügen in China. Ich bin mit meinen Spielkameraden oft auf Stelzen gelaufen. Die unseren waren natürlich kürzer als diese hier, auf denen richtige Profis ihre Schau abziehen.
Auch hier ein Zeichen der neuen Zeit: drei der Künstler sind Männer, der vierte Läufer ist eine Frau. Die Männer versuchen sich ihr zu nähern, um sie zu küssen, während sie selbst die Männer abwehren und von den Stelzen stoßen soll.

Jedes Gehöft, ausgenommen in den äußerst trockenen Gebieten des Nordens, hatte seinen eigenen Fischteich; aber der Flußfisch, besonders aus dem Yangtse, ist der beste Fisch. Süßwasserfische und Krebse sind in China beliebter als Tiere aus dem Salzwasser. Ein Flußfisch, der li heißt, ist besonders zart im Fleisch und delikat im Aroma. Ich fand ihn besser als jeden anderen Fisch, den ich irgendwo sonst auf der Welt gekostet habe.

Ich führe die hervorragende Qualität der chinesischen Küche auf drei Ursachen zurück: als erstes verwendet man Erzeugnisse der heimischen Landwirtschaft, man benutzt das heimische Wasser und kocht dem Klima entsprechend. Es gibt keine langen Transporte, man bereitet alles an Ort und Stelle zu. Zum Beispiel sind Datteln und Pfirsiche aus der Gegend von Peking einzigartig in ihrem Geschmack. Zweitens wird das Essen nur sehr kurz gekocht. Das hat einen einfachen Grund: als Brennstoff dient Heu, das ein sehr heißes, aber nur kurzes Feuer hergibt. Folglich gibt es kein langes Kochen oder Schmoren. Geflügel, wie zum Beispiel die berühmte Pekingente, muß man daher über Holzkohle rösten. Drittens ist das Essen in China deshalb so gut, weil dort nichts konserviert wird. Das Tiefkühlverfahren mag in den Vereinigten Staaten als beste Konservierungsmethode seinen Sinn haben, aber für den verwöhnten chinesischen Gaumen gibt es keinen Zweifel, daß das feine Aroma jeder Nahrung durch Frost zerstört wird. Selbst meine lieben Freunde Lin Yutang und seine Frau dankten zwar sehr liebevoll für den Truthahn, den ich ihnen zu Weihnachten geschickt hatte – ein Truthahn von unserer eigenen Farm –, und sie aßen ihn auch zum Fest, aber sie konnten nicht umhin, festzustellen, daß es eigentlich ein Jammer um den wundervoll zarten Festbraten gewesen sei, weil sein Fleisch das Aroma verloren habe, da ich den Vogel natürlich nur tiefgefroren auf die Post hatte geben können.

Kochen gilt bei den Chinesen als eine Kunst. Sie sind beim Aussuchen des Essens, beim Kochen und beim Essen selbst fast schon Snobs, so wählerisch und kritisch. In China gehörte es zu den guten Manieren, dem Koch nach dem Essen ein Lob zu spenden, oder, wenn er es nicht verdient, ihm Anregungen zu geben, wie er es das nächste Mal besser machen könnte. Und solche freimütige Kritik findet den Beifall des Gastgebers wie des Kochs.

V

Am liebsten erinnere ich mich an die chinesischen Kinder. Ich habe viele Kinder in aller Welt kennengelernt, reiche und arme, aber die chinesischen Kinder erschienen mir immer als die glücklichsten von allen, die fröhlichsten und die freiesten. Das Glück einer Familie wird an der Zahl der Kinder gemessen. Eine chinesische Familie ohne Kinder habe ich nie erlebt. Wenn eine kinderlose Frau mich besuchte, dann hatte sie sich wenigstens ein Kind geborgt, um nur nicht als kinderlos zu gelten. Und wenn ich fragte, bekam ich so ausweichende Antworten, daß ich nie genau wußte, ob es nun tatsächlich ihr eigenes Kind war oder nicht. Nur eine nähere Bekanntschaft konnte wirklich Aufschluß darüber geben. Kinder waren der Reichtum, und Kinder gehörten allen.

Natürlich galten auch in China die Jungen mehr als die Mädchen. Mädchen wachsen auf, um Frauen zu werden, um verheiratet zu werden und Söhne zu haben. Sie galten daher nur als vorübergehende Erscheinung. Name und Prestige der Familie hingen an den Söhnen. Infolgedessen wurden die Jungen von allen Familienmitgliedern fürchterlich verwöhnt, während sich die Mädchen mit ihrer untergeordneten Rolle abzufinden und für sich selbst und ihre Brüder zu sorgen hatten. Daran hat sich im Prinzip bis heute in ganz Asien nicht viel geändert. Die Frauen Asiens sind aus diesem Grunde stark, diszipliniert, realistisch, unerforschlich und skrupellos. Als der Kommunismus nach China kam, erhielten sie die Gleichberechtigung und nahmen sie mit größter Selbstverständlichkeit an. Sie hatten so-

wieso schon jeden Tag den Löwenanteil an der Arbeit geleistet und erwarteten nichts anderes, als dies auch in Zukunft tun zu müssen. In der Realität sind die Frauen nämlich in China schon immer gleichberechtigt gewesen. Männer und Frauen hatten ihre verschiedenen Welten, aber dennoch waren ihre Funktionen gleichwertig. Das Wahlrecht haben die chinesischen Frauen sogar noch vor den Amerikanerinnen erhalten.
Nominell rangierten die Männer höher als die Frauen, aber in der Praxis war das nicht so. Der Mann hatte zwar ein paar Freiheiten mehr als die Frau – er durfte zum Beispiel – wenn er sich den Luxus leisten konnte – mehrere Frauen halten, während natürlich die Frau nur einen Mann haben durfte. Aber die Hauptfrau betrachtete ihre Nebenfrauen als Untergebene, ja, als ihre Dienerinnen, und deren Kinder waren ihre legalen Kinder, die sie Mutter zu nennen hatten und ihre natürlichen Mütter als Tanten anredeten. Wie auch immer die Familienstruktur aussah, und wie viele Frauen ein Mann auch haben mochte, Kinder waren der Hauptzweck der Verbindung. An Geburtenregelung war vor dem Kommunismus nicht zu denken. Und selbst unter dem Kommunismus ist es eine höchst neue Idee, und sie wird durchaus nicht sehr konsequent durchgeführt. Zeitweilig war sogar Mao Tse-tung dagegen. Außerdem hat der Stellenwert der Kinder sich deshalb noch lange nicht geändert. Kinder gelten immer noch als Reichtum, selbst wenn die Pille heute in China kostenlos zu haben und ihr Gebrauch selbstverständlich ist.
Je mehr ich darüber nachdenke, desto weniger glaube ich, daß die Geburtenregelung heute in China wegen der Gefahr der Übervölkerung praktiziert wird, sondern um die Arbeitskraft zu erhalten. Ein Kind auszutragen dauert seine Zeit, und eine schwangere Frau ist wenigstens zeitweilig nicht arbeitsfähig. Das bedeutet eine Verminderung der vorhandenen Arbeitskräfte, und da China so vieles so schnell zu vollenden hat, wird

Älteres Paar in seinem Bauernhaus: ein tröstliches Bild. Sie sind nicht arm und auch nicht neureich. Man sieht es an den alten schönen Möbeln. Der Tisch ist kunstvoll geschnitzt und poliert. Die Stühle stehen ihm nicht nach. Sie sind, alt und solide, aus wertvollem Teakholz.
An Stelle eines alten Bildes, einer Landschaft oder eines Buddha lächelt jetzt ein fetter Mao von der Wand.
Auf dem schmalen Regal an der Wand stehen hübsche Porzellanvasen und Flaschen. Ein Radioapparat gibt dem Ganzen eine moderne Note. Die Gesichter der alten Menschen sind ehrlich, freundlich und wohlgemut. Es ist Winter, und sie sind warm angezogen. Die Füße der Frau sind verkrüppelt, denn sie stammt noch aus einer Zeit, wo den jungen Mädchen die Füße bandagiert wurden, weil winzige Füße ein Zeichen besonderer Schönheit waren.

建設
學習

jede Arbeitskraft gebraucht. Es bedarf eigentlich kaum einer Erwähnung, daß Frauen jede Arbeit leisten, auch solche, die von Männern vollbracht wird und große körperliche Kraft erfordert. Das war schon immer so in China. Alles, was der Mann tut, wird auch von Frauen getan, denen dazu noch das Kinderkriegen auferlegt ist. Den jungen Leuten wird heute empfohlen, nicht zu heiraten, bevor sie Mitte Zwanzig sind, und danach nicht mehr als zwei Kinder zu haben.

Das macht die Kinder noch wertvoller, als sie schon vorher waren. Sie werden verhätschelt und geliebt und niemals körperlich gezüchtigt. Solange die Kinder noch keine sieben Jahre alt sind, ist ihnen einfach alles erlaubt. Sie dürfen unartig sein, Launen haben und schreien, soviel sie wollen. Allerdings haben sie auch viel weniger Grund, so zu sein, anders als die Kinder in Amerika, denn sie werden niemals zurückgestoßen, angeschrien oder schlecht behandelt. Man setzt einfach voraus, daß sie noch keine Vernunft haben können, bevor sie sieben Jahre alt sind. Erst danach setzt ein sanfter Druck ein, der sich in Lob, Ermutigung und Anregung ausdrückt, ein Druck, der von der ganzen Familie ausgeht und langsam stärker wird, wenn die Kinder älter werden.

Da die Kommunisten versuchten, den starken Familieneinfluß zu durchbrechen, quartierte man eine Zeitlang die Menschen, die zum Arbeiten zu alt waren, in Altersheimen ein und steckte die Kinder, die älter als drei waren, in Kinderheime. Dadurch hoffte man, zwei Fliegen mit einer Klappe zu schlagen: Die Frauen bekamen mehr Zeit für produktive Arbeit, und die Kinder konnten besser ideologisch indoktriniert werden. Sehr bald stellte sich jedoch heraus, daß die Sterblichkeitsrate der Kinder in den Kinderheimen außerordentlich anstieg, und deshalb änderte man die Politik wieder, wie man mir erzählt hat. Die Kinder können wieder, wie früher, bei den Familien bleiben und von den Großeltern versorgt werden. Dennoch widmet

der Staat den Kindern jede nur erdenkliche Fürsorge und richtet überall Kindergärten und Volksschulen ein, wo sie noch fehlen.
Im vorkommunistischen China, in dem ich aufwuchs, waren die Kinder glücklich, sorglos, verwöhnt und geliebt. Wenn sie Not litten, dann nur deshalb, weil es ihrer ganzen Familie schlechtging. Natürlich kam es vor, daß in der höchsten Not ein Mädchen an eine reiche Familie verkauft wurde, als »Bondmaid« – eine Stellung, die irgendwo zwischen der einer Dienerin und der einer Tochter lag. In einer netten Familie konnte sie durchaus privilegiert sein, aber eine mißlaunige Herrin konnte mit diesem Mädchen auch recht grausam sein. Ich glaube kaum, daß in China Kinder heute noch verkauft werden dürfen. Auf den Philippinen und in Vietnam ist das jedoch noch gang und gäbe, besonders bei den Besatzungskindern, der Hinterlassenschaft amerikanischer Soldaten, die keine Familien haben. Solche Mädchen mit halbamerikanischer Herkunft werden zum Beispiel schon mit fünf Jahren verkauft, um zu Prostituierten erzogen zu werden, Knaben werden ebenfalls als Arbeiter oder zur Ausübung der Prostitution verkauft. Die jahrelange Anwesenheit so vieler junger Amerikaner in den sieben Ländern Asiens hat die Sitten Asiens bis auf den Grund erschüttert. Aber niemand macht sich Gedanken über die Zukunft der Besatzungskinder, denn die amerikanische Regierung nimmt von diesem Problem hartnäckig keine Kenntnis.
Offenbar haben heutzutage in China Mädchen wie Jungen wirklich die gleichen Chancen, und die Freiheit, die ihnen gewährt wird, ist erstaunlich. Ich kenne nur das China, in dem Jungen und Mädchen mit sieben Jahren voneinander getrennt wurden. Heute gehen die jungen Leute in aller Öffentlichkeit Hand in Hand, ja, sie nehmen einander sogar in den Arm. Früher wurde die Frau als »nei-ren« bezeichnet, was in einem sehr wörtlichen Sinne »Hausfrau« heißt, weil man von ihr erwar-

tete, daß sie alles im Hause erledigt, während der Mann »wei-ren« hieß, der »Aushäusige«. Niemals sprach ein Mann von seiner Frau in der Öffentlichkeit; allenfalls von der Mutter seiner Kinder. Nun höre ich, daß chinesische Ehepaare öffentlich voneinander als »ai-ren« sprechen – also von dem oder der »Geliebten«. Diese Änderung der Sprachgewohnheiten ist ohne Zweifel ein gewichtiges Symptom für eine grundlegende Veränderung in der Beziehung der Geschlechter, also auch in der Bewertung von Söhnen und Töchtern.

Das bedeutet aber nicht mehr und nicht weniger, als daß sich das gesamte Bewußtsein des Landes verändert hat, und zwar, wenn es zutrifft, zum Besseren.

VI

»DER PRÄSIDENT DER VEREINIGTEN STAATEN ist gekommen, um an unsere Tür zu klopfen.« So sprach Tschou En-lai, der chinesische Ministerpräsident.

Jedenfalls haben die Zeitungen das berichtet. Aber selbst wenn er es nicht wörtlich gesagt haben sollte, empfunden hat er es ganz bestimmt so, davon bin ich überzeugt, und mit ihm hat ganz China das gleiche empfunden. Ob die Amerikaner es wahrhaben wollen oder nicht, mit ihrem Präsidenten kam das ganze amerikanische Volk. Wie hat sich doch die Welt verändert! Vor einigen Jahren noch (wie viele Jahre waren es eigentlich? Es kommt mir vor wie eine ganze Epoche) ließ der amerikanische Außenminister durch die Zeitungen verkünden, daß die Vereinigten Staaten alle Beziehungen zu China abgebrochen hätten, weil in China eine kommunistische Regierung an die Macht gekommen sei. Damals hielten die Vereinten Nationen ihre Gründungssitzung in San Francisco ab. Ich bin eine philosophische Natur und selbst von dem Unerwarteten nicht so leicht aus der Ruhe zu bringen, aber an diesem Tage war ich bis in mein innerstes Wesen erschüttert. Nicht mehr mit China reden, dessen bester Freund Amerika doch seit einem Jahrhundert gewesen war! (Jedenfalls betrachteten die Chinesen Amerika als solch einen Freund.) Nicht mit China reden in einer Zeit und in Jahrzehnten, die für die Geschichte so entscheidend sein würden und in der man, gerade auf Grund einer alten Freundschaft, seinen politischen Einfluß dort hätte zur Geltung bringen können! Wie viele Menschenleben hätten in

Der T'ien-An-Men-Platz oder das Tor des himmlischen Friedens am 1. Mai. Die riesigen Bilder von Lenin und Stalin an dem großen Gebäude beweisen, daß diese Demonstration noch vor der Kulturrevolution stattfand. Manchmal sind die Demonstrationen Militärparaden, diese jedoch nicht. Ich habe mir die Gesichter der Leute mit dem Vergrößerungsglas angesehen und versucht, einen Unterschied zwischen diesen Gesichtern zu finden und jenen, die ich von früher her kenne.
Es gibt Unterschiede. Man sieht keine alten Leute. Die Gesichter sind hübsch, aber nicht sehr glücklich.
Aber die Menschen sind gut gekleidet und genährt. Vielleicht genügt das. Vielleicht bedeutet das heute schon Glück.

China gerettet werden können? Der Koreakrieg wäre zu verhindern gewesen, und ganz gewiß der Vietnamkrieg, wenn Amerika sich nicht selbst damals von China isoliert hätte.
Die Amerikaner sind ohne Zweifel sehr emotional. Sie lassen sich von Zorn und unvernünftigen Vorurteilen hinreißen. Vielleicht sind sie zu jung, um philosophisch zu sein, zu jung, um politische Weitsicht zu entwickeln. Amerikaner reagieren meist spontan auf Gefühle und auf den Augenblick. Auch der gegenwärtige Präsident hat so reagiert. Kaltblütig hat er an Chinas Tür geklopft, und China hat ihn für einen kurzen Augenblick eintreten lassen, nur um ihm klarzumachen, daß die Amerikaner sich gefälligst aus Asien wegscheren sollen, »mit Mann und Roß und Wagen« – und Flugzeugen, muß man hinzufügen. Der Besuch war kurz – Peking, Schanghai, Hangtschau. Viel haben der Präsident und seine Begleiter von China nicht gesehen.
Hat dieser Besuch des Präsidenten irgendeinen Erfolg gehabt? Geschadet hat er sicher nicht. Amerika kann gelassen die chinesische Herablassung ertragen und selbst eine gewisse Demütigung hinnehmen, darum bitten zu müssen, empfangen zu werden, denn immer noch ist Amerika die reichste und mächtigste Nation auf der Erde. Dafür sind die Chinesen aber die älteste und weiseste, und es gibt nichts, wozu sie Amerika nötig hätten. Ihre Lage ist noch genau die gleiche wie in den Tagen der Queen Victoria, als England in Gestalt von Lord McCartney an Chinas Tür klopfte. Die Chinesen teilten ihm höflich mit, sie wüßten nichts, das sie benötigten und nicht selbst bereits hätten – also genau das gleiche, was sie heute die Amerikaner wissen lassen. Selbstgenügsamkeit war immer ihre Politik und ihre Parole. Der Handel, von dem die amerikanische Geschäftswelt sich soviel erhofft, wird sicher eine Enttäuschung sein. Übrig bleibt die verwirrende und beharrliche Forderung, daß die Amerikaner Asien verlassen und wieder heimkehren sollen.

Natürlich wird der Besuch Präsident Nixons in China noch einige angenehme und bemerkenswerte Nebenwirkungen zeitigen. Es ist ja heute schon »in«, nach China zu fahren. Die Zeitungen berichteten, daß ein Schiff von Frankreich zu einer Kreuzfahrt nach China ausgelaufen sei. Tausend Passagiere waren an Bord, darunter viele Amerikaner. Vielleicht werden sie Peking, Schanghai und Hangtschau sehen oder auch nur Kanton, das man bequem von Hongkong aus erreicht. Aber das ist immerhin ein Anfang, und ich begrüße ihn. Hoffentlich ist man in Amerika ebenso »großzügig« und läßt die Chinesen New York, Washington und San Francisco besuchen.
Die chinesischen Delegierten bei den Vereinten Nationen scheinen die Aufmerksamkeit sehr zu genießen, die man ihnen in den Straßen von New York zollt. Sie sind verwundert und amüsiert zugleich, daß sogar die Modeschöpfer den chinesischen Stil für den Westen entdeckt haben, vor allem den chinesischen Arbeitsanzug aus Hose und hochgeschlossener Jacke, den Mao Tse-tung als höchst nützliche und sparsame Bekleidung für ehrliche Arbeiter empfiehlt und den er selbst – jedenfalls in der Öffentlichkeit – ständig trägt. Aber wirklich überrascht sind die Chinesen bestimmt nicht von unserem plötzlichen Interesse an ihrer Kleidung und ihren Gewohnheiten. Sie haben nie an ihrer eigenen Überlegenheit gezweifelt. Nichts kann jemanden überraschen, der schon ein paar Jahrtausende alt ist. Er lächelt höchstens.
Was mein eigenes – bisher verschwiegenes – Urteil über das Auftreten der Chinesen bei den Vereinten Nationen betrifft, so finde ich sie so unglaublich clever, daß ich sie lieben muß, trotz ihrer Politik. Nachdem sie einmal unmißverständlich die Erklärung von Tschou En Lai bekräftigt hatten, daß die Amerikaner sich aus Asien zurückzuziehen hätten, haben sie nur noch gelächelt und höflichen Charme ausgestrahlt. Fortan waren sie freundlich und unermüdlich dabei, ihren Anspruch auf Füh-

Die Chinesen lieben die Pandas. Es sind zärtliche, anhängliche Tiere. Hier wird ein Pandababy von seinem Wärter im Pekinger Zoo sorgfältig mit dem Löffel gefüttert.

rerschaft zu verwirklichen, und zwar hauptsächlich unter den kleinen Nationen, die die Mehrheit bei den Vereinten Nationen stellen. Sie tun es, indem sie gemeinsam Tee trinken – chinesischen Tee – in der Halle, wo sich die Delegierten der kleinen Nationen gewöhnlich versammeln. Natürlich sind diese Leute überrascht, entzückt und geschmeichelt, daß die Vertreter des größten Landes der Welt ihnen solche Aufmerksamkeit widmen, denn von den Vertretern der Vereinigten Staaten und der Sowjetunion wurden sie bisher meistens ignoriert. Diese Herren haben ja soviel mit ihren eigenen höchst wichtigen Angelegenheiten zu tun! Wie dankbar sind diese Delegierten den Chinesen, die sich so gütig und so entspannt zeigen. Und da in der Versammlung der Nationen eine Stimme soviel wert ist wie jede andere Stimme, gleichgültig wie groß der Staat ist, für den sie abgegeben wird, braucht man nicht chinesisch denken zu können wie ich, um zu wissen, was das bedeutet.

Taiwan ist eine große Insel vor der südöstlichen Küste Chinas. Ihre Bewohner sind natürlich mehr oder weniger Chinesen. Die Geschichte der Insel war über Jahrhunderte hin höchst wechselvoll. Um der Möglichkeit willen, sich immer auf jene Seite schlagen zu können, die im Augenblick die größte Sicherheit versprach, haben ihre Bewohner sich angewöhnt, sich lieber Taiwanesen zu nennen statt Chinesen. Jeder mag davon halten, was er will.

Diese wunderschöne Insel, deren abwechslungsreiche Landschaft vom Hochgebirge bis zu subtropischen Küstengegenden reicht, wurde schon vor Jahrhunderten »entdeckt« – war es im sechzehnten Jahrhundert? –, und die portugiesischen Handelsleute, die dort als erste Abendländer auftauchten, nannten sie Formosa, »die Schöne«, wegen ihres traumhaften Blumenreichtums. Die Chinesen hatten natürlich seit Jahrhunderten keinen Anlaß, daran zu zweifeln, daß diese Insel

ihnen gehörte. Aber was bedeutete das schon für die jungen europäischen Nationen, die von jedem Platz auf der Welt, den sie vorher noch nicht gesehen hatten, behaupteten, sie hätten ihn »entdeckt«, und daraus das Recht ableiteten, ihn zu annektieren. Kolumbus machte das gleiche mit dem später Nord-Amerika genannten Kontinent und fand viele Nachahmer in den anderen europäischen Nationen. Die Chinesen kümmerten sich kaum um die Besetzung von Taiwan, und die Portugiesen verschwanden bald wieder von allein. Dann wurde die Insel zum Refugium der Ming-Dynastie auf der Flucht vor den Mandschu, und in unserer Zeit wich dorthin Tschiang Kai-schek auf der Flucht vor den Kommunisten aus. Aber zwischen diesen beiden klassischen Rückzügen wurde die Insel für mehrere Jahrzehnte von den Japanern besetzt, die mit der ihnen eigenen Energie Straßen bauten, Schulen eröffneten, das Geschäftsleben in Schwung brachten und noch so manches andere taten. Die Taiwanesen liebten die Japaner nicht besonders, aber sie mußten anerkennen, daß sie ihnen in vieler Beziehung das Tor zur heutigen Zeit aufgestoßen haben.
Auf alle Fälle zogen sie die Japaner jenem chinesischen General vor, den Tschiang Kai-schek als erster auf die Insel entsandt hatte, um sie nach der Kapitulation der Japaner im Zweiten Weltkrieg in Besitz zu nehmen. Dieser General hatte offensichtlich nicht begriffen, daß die Zeiten sich geändert hatten. Er führte sich in der traditionellen Weise der alten chinesischen Heerführer auf und plünderte das Land und das Volk derartig aus, daß die Taiwanesen sich öffentlich die früheren japanischen Machthaber zurückwünschten, um die Chinesen wieder loszuwerden. Als Tschiang Kai-schek selbst nach Taiwan kam, wurde manches besser, aber privat und hinter verschlossenen Türen kann man immer noch starke Ressentiments der Taiwanesen gegenüber ihren gegenwärtigen chinesischen Herren verspüren. Die Taiwanesen machen nicht einmal ein Hehl dar-

aus, daß sie am liebsten unabhängig wären, und sie weisen darauf hin, daß in den Vereinten Nationen auch solche vertreten seien, die der Größe ihres Landes und der Zahl seiner Bewohner nach kleiner sind als sie.

Aber natürlich besteht nicht die leiseste Chance, daß sie diese Unabhängigkeit je erreichen werden. Die Chinesen rechnen nicht, wie die Amerikaner, in Jahren. Die Zeit ist für sie die Ewigkeit, die in winzige Abschnitte unterteilt ist, die man Jahrhunderte nennt. Da Taiwan eine Ewigkeit zu China gehörte, gehört es immer noch zu China. All die kleinen Ereignisse, die zwischendurch stattgefunden haben, sind in ihren Augen vollkommen unbedeutende Episoden. Die Frage ist nicht, ob und wann die alte Einheit mit dem Mutterland wiederhergestellt wird, sondern höchstens, wie.

Darauf ist die Antwort nicht schwierig. Die Chinesen werden es eben einfach tun. Das ist ihre innere Angelegenheit, die keine fremde Regierung oder Persönlichkeit auch nur das geringste angeht. Es wird eben geschehen; es wird durchgeführt und bekanntgegeben, wenn auch nicht in Schlagzeilen. Vielleicht dauert es noch eine Weile, so lange, bis der Tod zwei alte Herren geholt hat. Aber vielleicht geht es auch sehr schnell. Selbst wenn wir im Westen nichts davon wissen, weil es ja auch uns nichts angeht, ist es durchaus möglich, daß entsprechende Vereinbarungen längst getroffen sind. Schon zu Eisenhowers Zeiten wurden mir Gerüchte zugetragen, daß Peking dem Marschall Tschiang Kai-schek ein ehrenvolles Gnadenbrot und Sicherheit für alle seine Anhänger zugesagt habe, wenn er Taiwan freiwillig an China zurückgeben werde. Die Gerüchte besagten ferner, daß der Marschall daraufhin einen bedeutenden amerikanischen Politiker um Rat gefragt haben soll. Dieser habe mit allem Nachdruck gefordert, die Offerte abzulehnen und habe zugesagt, daß die USA »Nationalchina bis zum Tode unterstützen würden«, was immer damit gemeint gewesen sein mag.

Damals glaubte Tschiang Kai-schek den Amerikanern noch und lehnte daher das Angebot der Kommunisten ab.
Auf Gerüchte braucht man nicht viel zu geben, aber es ist immerhin eine Tatsache, daß die heutigen Vertreter Chinas bei den Vereinten Nationen ganz China repräsentieren und folglich, ihrer Auffassung nach, auch Taiwan. Wenn aber Taiwan nicht protestiert, wer kann dann dieser Auffassung widersprechen? Hat man diesen Punkt beim Nixon-Besuch in Peking erörtert? Ich bezweifle es; es sei denn, Nixon hat darauf bestanden. Und wenn er darauf bestanden hat, wird man seine Bemerkungen zu diesem Thema höflich mit der Frage beantwortet haben, ob sein Tee auch heiß genug sei und wie schön das Wetter doch sei und was für ein gutes Omen das Jahr der Ratte sei und wann er sie denn nun endlich wissen lassen werde, wann die Amerikaner ihre Kriegsschiffe und Militärflugzeuge aus Asien zurückzuziehen gedächten, und so weiter und so fort.
Das Jahr der Ratte ist für den Westen das Jahr 1972, für die Chinesen das Jahr 4670. Das chinesische Neujahrsfest fällt auf unseren fünfzehnten Februar. Das Jahr der Ratte ist immer ein besonders günstiges Jahr für internationale Angelegenheiten. Wer im Westen etwas gegen Ratten hat, kann es auch das Jahr der Maus nennen. Es ist immer das erste Jahr in einem neuen Jahreszyklus, oder, wie wir im Westen sagen würden, einer neuen Epoche. Im allgemeinen ist es kein besonders aufregendes Jahr, denn die Ratte – oder die Maus – ist eher ein ängstliches und scheues Tier. Vor allem ist es kein günstiges Jahr zum Heiraten, und kein einigermaßen feinfühliger Chinese würde daher in diesem Jahr heiraten.
Wenn ich die Lage in diesem Jahr der Ratte zusammenfassen müßte, wäre ich eher optimistisch, nicht wegen irgendeines zurückliegenden oder bevorstehenden bestimmten Ereignisses, sondern weil mit dem spektakulären Besuch des Präsidenten

Dieser Mann ist Mitglied der Kommune Schu Kwan – Aufgehende Sonne – in der Region Wuhan in Zentralchina. Das ist ein Reisanbaugebiet. Das Korn ist eben geworfelt worden, und der Arbeiter fegt den Dreschplatz. Das Reisstroh wird, ähnlich wie in Frankreich, in Mieten aufgeschichtet. Hier wächst nicht nur Reis, sondern auch Weizen. Die Kommune oder Kooperative hat fünf wissenschaftliche und technische Abteilungen, eine für die Entwicklung landwirtschaftlicher Maschinen, eine für Transport, eine für Agrarforschung mit zwölf wissenschaftlichen Mitarbeitern und ein Forschungslaboratorium, um aus Abfällen nach chemischer Behandlung Elektrizität zu gewinnen.
Der Arbeiter hat einen Sonnenhut aus geflochtenen Bambusstreifen. Er trägt nicht den üblichen Mao-Anzug, sondern die traditionelle Bauernkleidung mit den locker sitzenden schwarzen Hosen, die bis zur halben Wade reichen, und der Jacke aus ausgeblichener blauer Baumwolle. Sein Gürtel ist aus roher, ungebleichter Baumwolle, die Strohsandalen werden im Winter zu Hause geflochten. Er ist in vernünftigem Maße ehrlich, arbeitet hart, verfügt über eine gewisse Bauernschläue und ist unzufrieden mit dem Leben im allgemeinen und besonders mit der Regierung, welche es auch sein mag. Das ist übrigens jeder Bauer.

Nixon in China ein Anfang zum besseren gegenseitigen Verständnis gemacht worden ist. Die anderen Nationen wissen nun, daß die Amerikaner sehr impulsiv, dramatisch, jung und unreif sind. Sie betrachten sich selbst immer als Mittelpunkt und handeln, ohne zu bedenken, welche Folgen ihre Handlungen in anderen Teilen der Welt haben werden. Deshalb kann man ihnen nicht trauen. Nein, das ist vielleicht zu hart geurteilt. Sagen wir, man kann sich nicht unbedingt auf sie verlassen, und deshalb sollten selbst ihre besten Freunde nicht alle ihre Eier im amerikanischen Korb deponieren. Haben die Amerikaner aus all dem etwas gelernt? Vielleicht ein bißchen; vielleicht sogar mehr, als ich glaube. Eine bestimmte Erfahrung konnten sie jedenfalls machen: bei der Eröffnungssitzung der Vereinten Nationen im Jahr 1971 folgte der höchst kämpferischen Rede des chinesischen Chefdelegierten donnernder Applaus. Daraus konnte man entnehmen, daß die USA nicht immer und von allen geliebt werden. Als einige Delegierte vor Begeisterung herumtanzten, waren die Amerikaner eher beleidigt als amüsiert. In Wirklichkeit waren sie bestürzt.

Wahrscheinlich muß man ziemlich alt werden, um zu lernen, die Dinge mit mehr Humor und weniger Entrüstung zu betrachten. Jedenfalls wissen die Nationen nun etwas mehr voneinander als vorher.

Vielen Dank, Mr. Präsident!

VII

Ich habe die meisten Stunden und Tage meines Lebens, so scheint mir, damit verbracht, über China zu schreiben und zu sprechen. China ist noch immer das Land, das ich am besten kenne, und die Chinesen sind das Volk, mit dem ich zutiefst vertraut bin. Noch wichtiger war aber für mich, daß ich mich bedrückt und herausgefordert fühlte, als ich entdeckte, wie ungeheuer unwissend die Amerikaner in bezug auf China sind und daß sie nicht den leisesten Wunsch verspüren, etwas über eine so alte und mächtige Nation zu erfahren, mit der sie in Zukunft mehr zu tun haben werden als mit jeder anderen in der Welt. Selbst unsere sogenannten China-Experten mögen zwar aufrichtig sein, trotzdem sind sie nur oberflächlich und einseitig orientiert. Sie haben kein Gespür für das Chinesische. Sie haben keine innere Verbindung dazu.

»Werden Sie wieder nach China gehen?« werde ich oft gefragt.

»Ich habe China nie verlassen«, antworte ich. »Ich gehöre zu China seit meiner Kindheit und werde dahin gehören, bis ich sterbe.«

Mein Freund Hu Schih sagte eines Tages, kurz bevor er starb, zu mir: »Du lebst zwar hier in Amerika, aber wenn du sehr alt sein wirst und den Tod nahen fühlst, dann wirst du nach China zurückkehren, um in Chinas Erde begraben zu werden.« Ich habe dem weder zugestimmt, noch habe ich es bestritten. Ich weiß es einfach nicht. Ich habe eine merkwürdige Angst davor, nach China zurückzukehren, weil ich dort ster-

Diese Straßen kenne ich gut. Denn hier in Nanking lebte ich siebzehn Jahre, ehe ich und alle anderen Ausländer, einschließlich der Japaner, vertrieben wurden, als die Zweite Revolutionsarmee nach drei Tagen erbitterter Kämpfe die Tore stürmte. Der amerikanische Vizepräsident der Universität Nanking wurde an diesem Tage getötet und außer ihm noch viele andere Ausländer. Die Japaner wurden mit besonderer Grausamkeit behandelt und rächten sich dafür mit einem neuen Massaker, als sie Nanking im Zweiten Weltkrieg eroberten. Schon die Zweite Revolutionsarmee behauptete, sie käme zur »Befreiung« der Stadt. Das war 1927.
Da sind wiederum die Soldaten der Befreiung, Jahrzehnte später. Sie sehen ebenso aus wie damals, mit ihren erschreckend jungen, verstörten, gequälten Gesichtern. Sie schleppen ihre gesamte Ausrüstung auf dem Schulterjoch mit sich, sogar die großen Eisenkessel, in denen sie ihren Reis kochen. Sie sind unterwegs irgendwohin – sie sind ewig unterwegs.
Ich kenne die Straße. Inzwischen wurden die Rikschas durch Fahrräder und Fahrradtaxis ersetzt. Wahrscheinlich gibt es dort jetzt auch einige moderne Gebäude.
Nanking war während der kurzen und ständig bedrohten Herrschaft Tschiang Kai-scheks die Hauptstadt. Wir kehrten damals alle nach Nanking zurück – Amerikaner wie Chinesen – und setzten unsere Arbeit an der Universität fort. Ich reparierte und möblierte mein während der zweijährigen Besetzung geplündertes Haus und zog mit meiner Familie wieder ein, voller Hoffnungen, aber im ungewissen über die Zukunft.
Für Tschiang Kai-schek jedoch wurde es zuviel. Sein ständiger Kampf gegen die Kommunisten, seine Mühe, die Kriegslords unter einen Hut zu bringen, und der Versuch, eine moderne demokratische Regierung aufzubauen, waren schon genug Aufgaben für ihn. Als nun auch noch Japan China angriff, war das Maß voll. Er war trotz aller guten Absichten zum Untergang verurteilt.
Nanking aber ist nach wie vor eine urchinesische Stadt im uralten China. Heute ist sie modernisiert und mit dem Norden fest durch eine gewaltige neue Brücke verbunden. Die Chinesen haben sie selbst gebaut, und sie haben allen Grund, stolz darauf zu sein.

ben könnte – nicht eines plötzlichen Todes von Menschenhand, sondern weil Hu Schih recht haben könnte. Und obwohl ich unendlich gern meine geliebten Chinesen wiedersehen würde, um zu erfahren, ob und wie sie sich verändert haben, werde ich kaum wagen, dorthin zu reisen, aus Angst, ich könnte drüben sterben.[1]

Die Landschaft ist natürlich noch die gleiche; ihre majestätisch dahinfließenden Ströme, die von Wind und Wellen zerklüfteten Küsten, die runden Hügel im Süden und die felsigen, verwitterten Berge im Norden, die Terrassen der Reisfelder und die weiten Weizenfelder, die riesigen Städte und die gemütlichen kleinen Dörfer – das alles wird sich wohl nicht verändert haben. Aber die Freunde, mit denen ich zusammen aufgewachsen bin, deren Familien ich kannte und mit denen wir verkehrten – gibt es sie noch? Und wenn es einigen von ihnen vergönnt gewesen sein sollte, das Inferno des Bürgerkrieges zu überleben – könnten wir immer noch offen über alles zwischen Himmel und Erde reden wie einst?

Das alles sind Fragen, auf die es keine Antworten gibt. Und doch bin ich neugieriger denn je. Ich erwarte einen Besucher – einen Australier –, der gerade von einer langen Reise durch China zurückgekommen ist. Vielleicht weiß er eine Antwort. Vielleicht weiß er mehr. Es ist ein aufregender Tag für mich, ein Wintertag, es liegt viel Schnee in den Tälern und auf den Bergen von Vermont. Das ist nicht ungewöhnlich. Aber was bedeutet dieser Tag für mich! Ich werde einen Besucher aus China haben.

Die beste Vorbereitung auf den Besuch dieses jungen Australiers scheinen mir weitere Betrachtungen über die Geschichte Chinas zu sein. Immer und immer wieder komme ich zu dem

1) Pearl S. Buck starb 1973 in Amerika und ist auch dort begraben.

Schluß, daß man nichts vom heutigen China begreifen kann, wenn man seine Vergangenheit nicht kennt. Außerdem ist das Verhältnis zwischen Australien und China doch sehr abweichend von dem Amerikas zu China. Australien ist ein noch jüngeres Land als die USA. Seiner Kultur nach ist es ein westliches Land, aber auf einer kontinentalen Insel in Asien. Das ist eine höchst eigenartige, gefährliche und widerspruchsvolle Situation. Australien hat sich schon immer Asien gegenüber durch ein striktes Einwanderungsverbot für Asiaten geschützt. Und jetzt, wo der Kommunismus ohne Rücksicht auf alte Grenzen von einem Land zum anderen springt, fühlt es sich noch mehr gefährdet.

Ganz genau so, wie der Buddhismus zur Zeit des Niederganges der Han-Dynastie nach China vordrang, kam der Kommunismus im Jahre 1921 in einer Zeit der Unruhe und politischer Wirren nach China. Über zehn Jahre waren alle Versuche der jungen Revolutionäre, eine moderne Regierung nach dem Muster der amerikanischen Republik zu etablieren, erfolglos geblieben. Die Versuche waren zum Scheitern verurteilt, weil diese Idee dem chinesischen Denken zu fremd war. Aber in Rußland hatten die Kommunisten ihre Gegner besiegt und boten nun den chinesischen Revolutionären ihre Hilfe an. Sun Yat-sen, der nirgendwo sonst Unterstützung fand, nahm dieses Hilfsangebot an. So wurden die Kommunisten 1921 als politische Partei in China zugelassen.

Damals lebte ich in China und blieb noch viele Jahre dort. Aber weder ich noch meine chinesischen Freunde hatten auch nur die geringste Ahnung von dem, was vor uns lag. Wir wußten, daß wir in einer Periode des Umbruchs lebten, aber das taten wir schon seit zwei Jahrzehnten. Ein Kriegslord löste den nächsten ab. Wir hielten Sun Yat-sen mit seiner revolutionären Gruppe einfach für einen der üblichen Konkurrenten um die Macht. Als er 1925 starb, nahm keiner seine Partei länger ernst.

Das ist die neue Brücke über den breiten und wilden Yangtse. Die Stadt liegt etwa 10 Kilometer von ihr entfernt, aber gute moderne Straßen und die Eisenbahn verbinden sie jetzt mit dem Land »Nördlich des Flusses«.
Die Brücke gehört zu den Sehenswürdigkeiten des neuen China. 1500 Kilometer stromaufwärts gibt es noch eine solche Brücke, die Hankau mit Wuhan verbindet. Auch sie wurde von den Chinesen gebaut, aber mit Hilfe der Russen. Die Brücke von Nanking jedoch wurde erst begonnen, als der Streit zwischen Chinesen und Russen bereits ausgebrochen war. Sie ist daher eine selbständige Ingenieurleistung der Chinesen und ein Beweis für ihre technische Leistungsfähigkeit.
Der Yangtse ist bei Nanking etwa 500 Meter breit und 15 Meter tief. Ich habe ihn oft auf der alten Fähre überquert. Seine Strömung ist reißend. Die Auffahrten zur Brücke beiderseits des Flusses sind beeindruckend und mehrere Kilometer lang. Auf der Seite von Nanking liegt ein großer Volkspark, von dem aus die Brücke über die Straße oder mit Fahrstühlen erreicht werden kann. Die Fahrstühle halten zuerst beim Eisenbahngeschoß der Brücke, dann bei der für die Autos und die Fußgänger vorgesehenen Fahrbahn. Auf jeder Seite der Brücke gibt es zwei große Türme mit Ausstellungsräumen für Kunsterzeugnisse aus allen Provinzen. Außerdem gibt es eine Lesehalle mit einem Modell der Brücke sowie zahlreichen Fotografien und Architekturzeichnungen vom Brückenbau.
Die Russen hatten sich bereits vertraglich verpflichtet, bei dieser Brücke ebenso zu helfen wie bei der Brücke von Wuhan. Kurz darauf kam es zu dem Bruch zwischen den beiden Mächten, und die Russen annullierten den Vertrag. Außerdem weigerten sie sich, die Stahlträger für die Brücke zu liefern. Die Chinesen reagierten mannhaft auf diese Herausforderung. Die vier Türme wurden in achtzehn Tagen errichtet, obwohl die Russen neun Monate für ihren Bau vorgesehen hatten. Die Brücke wurde überhaupt in Rekordzeit erbaut und fehlerlos vollendet. Mit diesem Erfolg stieg das Selbstvertrauen der Chinesen gewaltig. Es war der Beweis dafür, daß sie nicht auf fremde Hilfe angewiesen sind.
Die psychologische, ja sogar die geistige Wirkung der Nankingbrücke ist mindestens ebenso wichtig wie ihr praktischer Nutzen. Denn seither fühlen sich die Chinesen wirklich unabhängig.

Man sah zwar überall sowjetische Kommunisten, aber das Leben lief in seinen gewohnten Bahnen weiter, bis man von einer sogenannten Zweiten Revolution hörte, die sich im Süden mit einer Armee auf den Marsch nach Norden vorbereitete. Da man an das Kommen und Gehen von Armeen so gewöhnt war, maß man solchen Nachrichten keine große Bedeutung bei. An der Universität ging die Arbeit weiter wie gewöhnlich. Im Frühjahr 1927 beaufsichtigte ich die Arbeit in meinem Garten und wanderte durch den Bambushain, um junge Bambussprößlinge zu sammeln, die ein herrliches Gemüse abgeben.
Inzwischen war die Zweite Revolutionsarmee unter Tschiang Kai-schek entlang den Ufern des Yangtse vorgedrungen, und die Schlacht um Nanking begann. Die neun Stadttore wurden verbarrikadiert, und niemand durfte herein oder hinaus. Wir warteten ab und überlegten, wer wohl siegen werde, unser heimischer Militärdiktator oder die jungen Revolutionäre aus dem Süden. Nach drei Tagen war alles klar. Die Tore wurden gestürmt, die Revolution siegte, und die Sieger waren Kommunisten. Ein Amerikaner wurde damals getötet und auch einige Europäer. Andere wurden verwundet, und alle wurden aus ihren Häusern vertrieben. Zwei Tage lang mußten wir um unser Leben bangen, bis wir von westlichen Kriegsschiffen gerettet wurden.
Wie aber verhielten sich die Chinesen in diesen schicksalsschweren Tagen? Da war vor allem unser Schneider, der immer für uns arbeitete. Er kam in der Frühe eilig zu uns und berichtete, daß die Kommunisten gesiegt hätten und alle Ausländer umbringen würden. Der amerikanische Vizepräsident der Universität war schon erschossen worden. Ich habe dieses Ereignis mit dem Schneider in meiner Novelle »Die Halskrause« erzählt. Und da war auch der schlanke junge Hochschullehrer, ein hochgeachteter Assistent eines amerikanischen Fakultätsdirektors, der wieder und wieder sein Leben aufs Spiel setzte, um uns in

unserem Versteck über die Lage zu unterrichten, und wie er mit den kommunistischen Offizieren um unser Leben ringe. Als er eines Abends zum letzten Mal kam, kniete er auf dem Erdboden der strohgedeckten Hütte, in der wir uns versteckt hatten, nieder und bat uns für sein Land und seine Landsleute um Verzeihung, denn er könne nichts mehr für uns tun.
Die Hütte? Sie gehörte einer armen Frau, einem Flüchtling aus dem Norden, die mit mir nach Nanking gekommen war. Auch ihre Geschichte habe ich schon erzählt. Sie hat mir und meiner Familie das Leben gerettet. So wurden überall in der Stadt Amerikaner von ihren chinesischen Freunden beschützt. Tatsächlich wurden nur wenige westliche Ausländer getötet. Aber in dem großen japanischen Wohnviertel wurden die Japaner so gnadenlos ermordet, daß Japan Rache schwor, ein Schwur, den die Japaner im Zweiten Weltkrieg einlösten. Damals berichteten die Zeitungen in den USA von der »Schande von Nanking«. Ich war nicht dabei, aber ich habe es kommen sehen, denn ich hatte ja erlebt, was den Japanern 1927 in Nanking angetan worden war. An diesem Tage wurden zahllose Japaner ermordet, Männer, Frauen, Kinder. Ihre Häuser wurden geplündert und ihr ganzer Stadtteil verwüstet und in Trümmer gelegt. Seit Jahrhunderten hatte sich der Haß auf die Japaner angesammelt, seit Hideyoshi, der große japanische Heerführer, von der Eroberung Chinas träumte und davon, Vizekönig dieses Reiches zu werden. Mit Erlaubnis des Kaisers hatte er eine große Flotte versammelt, um nach Westen zu segeln. Aber da traf er auf die Schiffe der Koreaner, die »Schildkröten«, wie sie wegen ihrer Eisenpanzer genannt wurden. Es waren die ersten Panzerschiffe in der Geschichte der Seefahrt. Durch Luken in den Panzern wurden die Holzschiffe der Japaner mit brennenden Pfeilen in Brand geschossen. So scheiterte Hideyoshi und starb, ohne China auch nur gesehen zu haben.
Die Chinesen waren sich des japanischen Landhungers immer

bewußt; vor allem aber konnten sie weder die Aggression von 1894 vergessen, noch die Einmischung in die inneren Angelegenheiten Chinas nach dem Ersten Weltkrieg. Damals bestanden geheime Abmachungen mit den Bürgerkriegsgeneralen, die die Japaner als ihre Vorposten auf dem chinesischen Festland betrachteten. Immer wieder flammte die alte Erbfeindschaft auf. Der schwerste Zwischenfall ereignete sich in Nanking und wurde von den Japanern durch die grausame Brandschatzung von Nanking im Zweiten Weltkrieg gerächt. Ich habe sie in meinem Roman »Die Drachensaat« beschrieben.
Auch meine Familie wurde 1927 aus Nanking vertrieben und fand Zuflucht in Japan, das seltsamerweise ebenfalls noch zu meinen Lebzeiten so gewaltige Umwälzungen erleben sollte. So mußten wir 1927 Nanking verlassen, ohne zu wissen, ob wir je wieder zurückkehren würden.
Aber schon zwei Jahre später waren wir wieder dort. Tschiang Kai-schek hatte die Kommunisten geschlagen und die Nationale Chinesische Republik gegründet. Nach der Heimkehr wohnten wir in einem komfortablen Haus aus grauen Ziegeln, das vom Unrat des Krieges gereinigt und neu gestrichen worden war. Dort lebten wir einige Jahre, in Ungewißheit zwar, doch in Frieden. 1931 besetzten die Japaner die Mandschurei; 1934 festigte sich in mir die Überzeugung, daß ein Krieg unvermeidlich sein würde, und ich verließ China, um nach Amerika zurückzukehren. Niemals werde ich meine chinesische Heimatstadt Nanking vergessen. Doch ich werde wohl nie mehr dorthin zurückkehren.
Von meinem Arbeitszimmer im Dachgeschoß hatte ich einen herrlichen Blick über die Dächer der Stadt und die große Stadtmauer auf dem Purpurberg, auf dessen Hängen das Grabmal Sun Yat-sens liegt. Ich nahm an seinem Begräbnis (1925) teil, und als die Feierlichkeiten vorüber waren, stieg ich die Marmortreppe hinauf und trat in die Halle. Sie war leer, denn die Trauer-

gäste waren schon alle gegangen. Plötzlich öffnete sich eine Tür, und Tschiang Kai-schek trat ein, allein. Er war in Uniform und trug einen Säbel. Er sah mich nicht, und ich rührte mich nicht. Er schritt über die Marmorplatten bis zur Eingangspforte und blickte über die weiten Hügel und Felder. In der Ferne konnte man Nanking erkennen, das er zu seiner Hauptstadt machen wollte. Nie werde ich seine Augen vergessen, große Augen für einen Chinesen. Und an diesem Tag leuchteten sie wie die Augen eines Tigers.

Wenn ich nach meiner Meinung über den Marschall gefragt werde und ich an jenen Tag zurückdenke, kann ich nur antworten, daß niemand Tschiang Kai-schek wirklich beurteilen kann. Er hatte keine Gelegenheit, zu beweisen, was wirklich in ihm steckt. Ich lebte unter seiner Herrschaft, bis ich China 1934 verließ. Damals war mir klar, daß ein neuer Weltkrieg vor der Tür stand. Wer die Geschichte Chinas so gut kennt wie ich und seine größte Revolution miterlebt hat, wer wie ich beobachtet hat, wie dieser Mann unter den schwierigsten Umständen um sein zerrissenes Land kämpfte, das älteste Land der Erde, das größte auf dem asiatischen Kontinent, bewohnt von einer höchst zahlreichen Bevölkerung, bedroht von einer fremden Revolution aus Rußland und einem fremden Eroberer aus Japan; wer sich erinnert, daß er gleichzeitig herausgefordert war, eine neue Regierungsform zu entwickeln, die ihm fast ebenso fremd war wie seinem Volk – wer kann dann noch über diesen Mann urteilen? Die Geschichte hat ihm keine Chance gegeben. Schon während des Krieges gegen Japan, in den er und sein Land bald verwickelt wurden, erkannte er, daß ihm der wirkliche Entscheidungskampf überhaupt noch bevorstehe. Er setzte auf Sieg und bewahrte seine Armee für den Endkampf auf. Als er nach Taiwan fliehen mußte, nahm er seine eigene ungeschlagene Armee mit.

Wer kennt schon Tschiang Kai-schek?

»Sagen Sie mir«, fragte ich meinen australischen Besucher, »ob Sie auch Nanking besuchen durften?«
Er zögerte und antwortete dann: »Ja, ich war dort, aber...«
»Aber was?« drang ich in ihn.
»Es ist die am schärfsten kontrollierte Stadt, die ich gesehen habe.«
»Was wurde kontrolliert? Früher konnte man diese Stadt frei und ohne Furcht kreuz und quer durchwandern. Ich erinnere mich der herrlichen Sommerabende auf dem Lotus-See, einem großen See, auf dem man sich stundenlang im Kahn treiben lassen konnte, sein klares Wasser war über und über von den riesigen Lotusblättern bedeckt, auf denen die großen rosa Lotusblüten stehen. Wenn man mit dem Bootsmann befreundet war, holte er in der richtigen Jahreszeit die Fruchtschoten des Lotus unter den Blättern hervor, öffnete sie und drückte die perlfarbenen Samenkörner heraus, die etwa so groß wie Kirschen sind und wunderbar schmecken. Das mußte zwar heimlich geschehen, denn die Lotuspflanzungen waren verpachtet, aber ein Freund ist eben ein Freund in China.«
»Ja«, sagte der Australier, »auch ich habe eine Bootsfahrt gemacht – aber der See heißt nicht mehr Lotus-See, und Lotuspflanzen habe ich auch nicht gesehen. Vielleicht war es nicht die richtige Jahreszeit.«
Die Erinnerungen überfluteten mich. Da war der Trommelturm, ein wunderschönes altes Gebäude, das ich von meinem Dachfenster aus sehen konnte. Er gehörte zu einem der Zeremonialtore der Stadt, durch das nur ein Kaiser in die Stadt einziehen durfte und dessen Wälle daher mit dem kaiserlichen Purpur geschmückt waren.
»Ist der Trommelturm noch da?« fragte ich.
Er zögerte wieder mit der Antwort: »Ja, aber man wollte mir nicht erlauben, ihn zu besichtigen, und als ich darauf bestand, durfte ich nur seine Rückseite sehen.«

»Und wie ist es mit der Porzellanpagode?« fragte ich weiter. Die Porzellanpagode war eine der großen Sehenswürdigkeiten von Nanking. Sie hat eine Glocke mit einem ganz ungewöhnlich melodiösen Ton, einem Klang wie verwunschen. Man behauptete, das rühre von den Porzellanziegeln her, aus denen die Pagode besteht. Die Legende berichtet aber, daß dem Glockengießer, dem berühmtesten Meister seiner Zunft in China, die richtige Metallegierung für den Glockenguß nicht gelingen wollte und daß die Glocke immer zersprang, wenn sie nach dem Guß abkühlte. Dann träumte er, daß ihm die Glocke erst gelingen werde, wenn sich seine drei schönen jungfräulichen Töchter in das glühende Metall werfen würden. Der Glockengießer erzählte seinen Töchtern von diesem Traum, und diese kamen heimlich überein, sich für den Vater zu opfern, und sprangen in das zum Guß bereite flüssige Metall. Der Vater verlor darüber den Verstand, aber die Glocke, die er gegossen hatte, war von höchster Vollendung und behielt für immer ihren wunderschönen, klagenden Ton. Für immer? Ich verscheuchte meine traurigen Erinnerungen.
Dann erzählte der junge Mann, daß er auch auf dem Purpurhügel am Grabe Sun Yat-sens gewesen sei. »Es ist sehr gut gepflegt.«
Natürlich erinnerte ich mich daran.
»Haben Sie auch die Gräber der alten Ming-Kaiser gesehen? Sind Sie einmal die uralte Allee mit den großen Statuen entlanggegangen?«
Er schüttelte den Kopf. »Von den Minggräbern habe ich nichts gehört.«
»Und der schöne Tempel des Buddha auf halber Höhe des Berges?«
»Ich habe keinen Tempel gesehen!«
An heißen Sommertagen pflegte man in diesem Tempel eine Rast zu machen. Die freundlichen Mönche servierten Tee und

Kekse, damit man sich erfrischen konnte. Danach stieg man weiter den Berg hinauf und genoß eine atemberaubende Aussicht über blaublühende Lupinenfelder und die im blauen Dunst der Ferne versinkenden Täler.

Ich hatte noch so viele Fragen an meinen Besucher, und er hatte ebensoviele an mich. Wir hatten beide die gleiche Absicht – nämlich voneinander möglichst viel über China zu erfahren – er über die Vergangenheit, ich über die Gegenwart –, um vergleichen zu können. Offenbar hatte er mehr Bewegungsfreiheit genossen, als er erwartet hatte, obwohl die Grenzen nun doch eng genug gezogen waren. Zuerst wurde er in Begleitung eines Chinesen überall mit dem Wagen hingefahren; er bestand jedoch darauf, auch einmal zu Fuß zu gehen. Er verließ einfach seine Unterkunft und ging allein spazieren. Dabei gewann er den Eindruck, daß die Menschen sauber seien, wohlgenährt und leidlich zufrieden. Da er das Mandarin-Chinesisch spricht, konnte er auch einige Unterhaltungen verstehen. Ganz sicher werden die Chinesen heute überwacht. Es gibt nicht mehr den alten, freien Individualismus, und großer Reichtum scheint ebenso wie große Armut verschwunden zu sein. Aber natürlich gibt es auch da Ausnahmen, und die altbewährte Korruption der Bürokraten breitet sich schon wieder aus.

Er sah keine verelendeten Menschen, aber er war erstaunt, wie wenig Wert auf Schönheit gelegt wird. Ich klärte ihn auf, daß der Durchschnittschinese nie einen besonderen Wert auf die Schönheit seiner Umgebung gelegt hat. Darin unterscheiden sich die Chinesen deutlich von den Japanern, bei denen ein Abglanz von Schönheit selbst in den Häusern der Ärmsten zu finden ist. Schönheit war in China ein Vorrecht der reichen Leute. Ich habe schon als Kind darüber nachgedacht und mich gefragt, warum das so sein mußte. Die Chinesen waren – und wahrscheinlich sind sie es auch heute noch – gesund, erdverbunden, humorvoll und fröhlich, aber sie können ohne Schönheit leben.

Ich selbst könnte das nicht. Denn ohne Schönheit zu leben, mag auch der Geldbeutel leer sein, ist, als ob man verhungere. Ich habe meine Gedanken dazu schon vor langer Zeit in einem Artikel zum Ausdruck gebracht. Er hieß »Schönheit in China«, und ich kam darin zu dem Schluß, daß der gewöhnliche Chinese es für überflüssig hält, Geld für irgend etwas Schönes auszugeben, weil er ja bereits in einer so schönen Landschaft lebt. Erst wenn ein Mann sehr reich wurde, gab er Geld für schöne Dinge und Kunstobjekte aus, baute sich ein wundervolles Haus im Stil der chinesischen Architektur und kleidete sich in die exquisitesten Seiden und Brokate. Offenbar herrscht jetzt eine gewisse Monotonie in der Kleidung der Chinesen, obwohl man neuerdings auch wieder leuchtendere Farben sieht und die jungen Frauen sogar wagen, etwas Schmuck zu tragen. Zu meiner Zeit trugen alle Frauen mit Vergnügen Ringe, Ohrringe und silberne, goldene oder sogar Jade-Haarspangen, und besonders gern trugen sie Blumen im Haar.
Wie oft habe ich früher im Sommer am Morgen die unbemittelten Frauen aus den Hütten in der Nachbarschaft beobachtet, wie sie schnell in unseren Garten schlüpften, um sich eine Gardenie für ihr Haar zu brechen. Niemals habe ich verraten, daß ich diese kleinen Diebstähle bemerkt hatte, denn ich wußte, wie sehr sie die Schönheit und den Duft der Blumen liebten. Niemals hat auch eine Frau mehr als eine Blume für ihren eigenen Bedarf genommen.
Trotzdem sind die Dörfer in China anders als in Japan, wo fast jedes Haus seinen eigenen kleinen, kunstvoll angelegten Garten hat, mit einem Felsstein, einem Zwergbaum und einem kleinen Kiesweg. Im Hauptraum der Häuser, so bescheiden sie auch sein mögen, ist meistens ein kleiner Alkoven, ein Regal, ein winziger Platz mit einem Bild, einer Blume oder einer Zwergkiefer. Das ist vielleicht einer der wichtigsten Unterschiede zwischen diesen beiden asiatischen Ländern – dem

Studenten der Wuhan-Universität in Zentralchina bei der Landarbeit auf ihrer »eigenen« Farm. Sie haben das Reisfeld geflutet, um das Setzen der Reispflanzen vorzubereiten. Der Boden muß umgegraben und danach geebnet werden. Man sieht, daß hier keine Bauern arbeiten. Nicht einer von ihnen weiß mit dem Spaten umzugehen. Außerdem ist der Spaten nicht das richtige Werkzeug für diese Arbeit. Ich bin in einem Reisanbaugebiet aufgewachsen, aber ich habe nie gesehen, daß ein Feld auf diese Weise für das Setzen der Reispflanzen vorbereitet wurde. Die Felder wurden mit Wasserbüffeln gepflügt. Hinter dem Wasserbüffel ging der Bauer mit aufgekrempelten Hosen und führte den Pflug. Nirgends sah man eine so fieberhafte Aktivität wie auf diesem Bild. Es sind eben Intellektuelle und nicht Bauern, die hier arbeiten, und sie wissen wahrscheinlich kaum, was sie da eigentlich tun. Egal! Hauptsache, sie gehorchen ihrer Regierung und Mao Tse-tung.

kleinen, auch im kleinen hochverfeinerten Japan und dem riesigen China mit seiner enormen Variationsbreite der Landschaftsformen.

Ich glaube kaum, daß man im heutigen China sehr viel Sinn für Schönheit hat. Reiche Familien gibt es nicht mehr, und wer gestern unterdrückt war, ist heute selbst am Drücker. Die sogenannte Kulturrevolution hat auf unabsehbare Zeit mit der Elite von gestern Schluß gemacht, mit denen, die Zeit und Muße für ihre Bildung und für die Kultivierung der Schönheit hatten. Hier gebe ich als Beispiel für die veränderte Einstellung den Bericht eines Amerikaners wieder, der kürzlich die Volksrepublik China besucht hat:

»Unsere Hosteß erklärte uns, daß es seit der großen proletarischen Kulturrevolution im Kindergarten viele Veränderungen gegeben habe: ›Bevor unsere Lehrer und revolutionären Arbeiter dem Aufruf unseres Vorsitzenden Mao gefolgt sind, mit der reaktionären Politik des Verräters Liu Schao-tschi zu brechen, gab es viele schlechte Dinge in unserem Kindergarten‹, sagte sie. Sie erzählte, daß die Kinder früher arrogant und stolz gewesen seien, nur weil sie zur Schule gingen; die Zeit wurde mit albernen Liedern und Märchen vertrödelt. Jetzt sei es anders.

Als wir die Schule besichtigten, sahen wir einen Raum mit kleinen Stühlen und Tischen, an denen die Kinder handwerklich arbeiteten.

›Vor der Kulturrevolution haben die Kinder die Zeit verschwendet, ohne etwas Vernünftiges fertigzubringen. Jetzt arbeiten sie produktiv‹, wurde uns erklärt.

Sie fertigten kleine Schächtelchen aus Pappe, die als Verpackung für Medizinfläschchen an die nächste pharmazeutische Fabrik geschickt wurden.

Hinter dem Schulhaus war ein Garten, den die älteren Kinder pflegten. Hier lernen die Kinder in der Praxis, und nicht aus Büchern, wie man Gemüse pflanzt und aufzieht. Diese

Mischung von Theorie und praktischer Erfahrung ist heute die Grundlage des gesamten Erziehungssystems.«

Der Sinn für Schönheit ist auf die Dauer nicht zu unterdrücken. Sie ist wichtig für den Geist des Menschen. Ohne den Umgang mit der Schönheit wird der Mensch grobschlächtig, seine Kreativität verkrüppelt, und seine Seele stirbt ab. Natürlich wird es auch heute noch Schönes in China geben. Selbst wenn man das Schöne jetzt für überflüssig hält, so werden sich die Menschen den Sinn dafür doch heimlich im Herzen bewahren, bis sie es wagen dürfen, wieder davon zu sprechen. Schönheit blüht auch im verborgenen.

Ich habe eine chinesische Freundin, die mich vor nicht langer Zeit besuchte. Sie war eine begnadete Pianistin – Juilliard-Schülerin –, eine Interpretin allerersten Ranges. Um ihrem Land zu dienen, kehrte sie nach China zurück und bildete einige gute Pianisten aus. Ihre eigenen Hände aber wurden durch die harte Arbeit, zu der sie täglich herangezogen wurde, knorrig und steif. Sie versuchte, mir eine ihrer Lieblingssonaten von Beethoven vorzuspielen, aber sie konnte es nicht mehr. Ihre wunderschönen Hände, die einst eine so herrliche Musik hervorbringen konnten, versagten ihr den Dienst. Sie ließ den Kopf sinken, und Tränen traten in ihre Augen.

»Ich kann nicht mehr spielen«, klagte sie.

Vielleicht ist das eine Strafe des Himmels, die für Sünden in der Vergangenheit über das chinesische Volk hereingebrochen ist, als Schönheit das Vorrecht von einigen wenigen war. Heute gibt es wahrscheinlich Wichtigeres zu lernen, und alte Ungerechtigkeiten müssen überwunden werden. Aber Schönheit ist ein Phönix. Sie wird nicht für immer verschüttet bleiben.

Ich diskutierte mit dem Australier jede Phase des chinesischen Lebens, wir tauschten unsere Erfahrungen aus und verglichen sie miteinander, und schließlich wagte ich die Frage, die mir

Hier behandelt ein chinesischer Arzt in einem Krankenhaus in Peking ein kleines Mädchen mit der alten Methode der Akupunktur. Das Mädchen schaut etwas ängstlich zu. Ich kenne natürlich die Akupunktur von Jugend an, und ihre erfolgreiche Anwendung gehört zu meinen frühesten Erinnerungen. Sie hatte früher den großen Nachteil, Infektionen von Patient zu Patient zu übertragen, weil die Nadeln nicht sterilisiert wurden. Eigentlich ist es merkwürdig, daß die Chinesen die Bedeutung der aseptischen Behandlungsmethoden erst durch den Westen kennengelernt haben.
Seit aseptisches Arbeiten für chinesische Ärzte und Chirurgen selbstverständlich geworden ist, kann die Akupunktur wissenschaftlich auf ihren tatsächlichen Wert hin untersucht werden.
Schon heute gibt es viele Patienten im Westen, die sich derselben Behandlung unterziehen wie die kleine Chinesin und zuschauen, wenn die Nadeln in ihre Haut gestochen werden.

schon lange auf der Zunge lag. »Was hat man Ihnen über die Wiedereroberung von Tibet gesagt? Haben Sie sich darüber unterhalten?«

Er überlegte einen Augenblick und lächelte ein wenig bitter: »Ich habe den Eindruck, daß sie sich dessen schämen«, sagte er.

Ich ließ die Frage fallen. Ich habe meine eigenen Informationsquellen zu diesem Problem und meine eigenen widersprüchlichen Gedanken dazu. Widersprüchlich, weil ich den chinesischen wie den tibetanischen Standpunkt zu dieser Frage aus erster Hand kenne. Sprechen wir zunächst von der chinesischen Anschauung, mit der ich aufgewachsen bin. Als China bereits alt und reif genug war, um die Sinnlosigkeit von Aggressionskriegen einzusehen, lehnte es den Krieg sogar als Mittel der Verteidigung ab und entwickelte zwei andere Methoden der Selbstverteidigung. Die erste bestand darin, den Eroberer einfach in die eigene Bevölkerung und Kultur zu integrieren. Die zweite Methode war, mit den angrenzenden kleineren Staaten ein freundschaftliches Verhältnis zu pflegen; sie zahlten dem Kaiser eine Art Schutzgebühr dafür, daß er ihnen im Angriffsfalle eine Armee von Freiwilligen zu Hilfe senden würde. Zu diesen Staaten gehörten Tibet, Korea, Indochina, Nepal, Ladakh, Bhutan und Sikkim. Als daher die Vereinten Nationen ihre Streitkräfte nach Korea schickten, war es jedem Menschen, der auch nur das geringste von chinesischer Geschichte und Mentalität verstand, vollkommen klar, daß China eine Freiwilligenarmee nach Korea entsenden würde. Dies war jedoch keineswegs eine Aggression, wie von Leuten behauptet wurde, die keine Ahnung von der politischen Tradition der Chinesen haben.

Tibet dagegen wurde von den Chinesen nur unter dem Vorwand des »Schutzes« angegriffen. Zufällig war ich in Indien, kurz nachdem der Dalai-Lama und seine Anhänger nach einer langen Flucht über den Himalaja dort eingetroffen waren, und ich habe mit ihm und seiner Familie gesprochen. Ich habe auch die tibetanischen Flüchtlingslager in Mussurie, Dardschiling, Kalimpong und anderswo besucht, und man konnte unmöglich an den Berichten über die Grausamkeit der Chinesen zweifeln, die sie erfahren hatten. Da ist irgend etwas Neues im chinesischen Charakter aufgetaucht. Ich erwähnte schon, daß es zu allen Zeiten sozialistische Experimente in China gegeben hat. Aber dies war mehr als Sozialismus. Das war eine revolutionäre Aggression. Die Überzeugungsmethoden der Chinesen scheinen sich gewandelt zu haben. Ein Kernstück des Kommunismus ist die Idee, daß der Zweck die Mittel heiligt. Wenn die Chinesen sich tatsächlich zu dieser Idee bekennen, dann hat sich China allerdings in einem entscheidenden Punkt verändert. Man müßte herausfinden, ob sie sich tatsächlich so gründlich geändert haben – und wie dauerhaft wird diese Veränderung sein? Das konnte mir der Australier auch nicht beantworten. Ich mußte zu meinen eigenen Quellen, chinesischen Quellen, zurückkehren.

Ich habe keine persönlichen Verbindungen mehr zu meinen Freunden in China, seit der Kommunismus dort herrscht, und ich erhielt nur wenige Briefe von Chinesen, die nach China zurückgekehrt sind. Ich habe sie über die amerikanischen Einwanderungsbehörden erhalten und konnte sie nicht beantworten, weil ich den jeweiligen Schreibern und mir unnötige Schwierigkeiten ersparen wollte. Natürlich habe weder ich sie, noch haben sie mich vergessen. Aber ich habe viele chinesische Freunde, die es vorgezogen haben, in den USA zu bleiben, und die auf allerlei Wegen mit ihren Freunden und Verwandten in China in Verbindung stehen. Und von ihnen erhalte ich manche Information.

Ich habe den Eindruck, als ob nichts das chinesische Volk so tief beunruhigt und erschüttert hat wie die hauptsächlich von

Ein Bild wie aus einer amerikanischen Fernsehserie. Aber es stammt aus Wuhan, der großen Metropole in Zentralchina.
Der Patient, eine chinesische Frau, wird an einem Tumor operiert. Sie ist bei Bewußtsein; sie ißt kleine Fruchtstückchen, die ihr von einer Assistentin gereicht werden; sie empfindet keinen Schmerz, obwohl sie nicht narkotisiert worden ist. Die Anästhesie ist durch Akupunktur vorgenommen worden.
Es kann nicht überraschen, daß sich westliche Wissenschaftler, Chirurgen, Neurologen und andere so sehr für diese Methode interessieren. Viele Fragen sind noch offen, und das gesamte Problem bedarf eines gründlichen Studiums, ehe auch wir die Akupunktur in der Praxis anwenden können. Einige Amerikaner haben sich ihr in China selbst unterzogen. Ich kann nicht aus eigener Erfahrung sprechen, aber ich finde es ungeheuer interessant und aufregend, zu sehen, wie diese jahrhundertealte Methode, die ich seit frühester Kindheit kenne, nun nach strengen wissenschaftlichen Kriterien getestet wird.

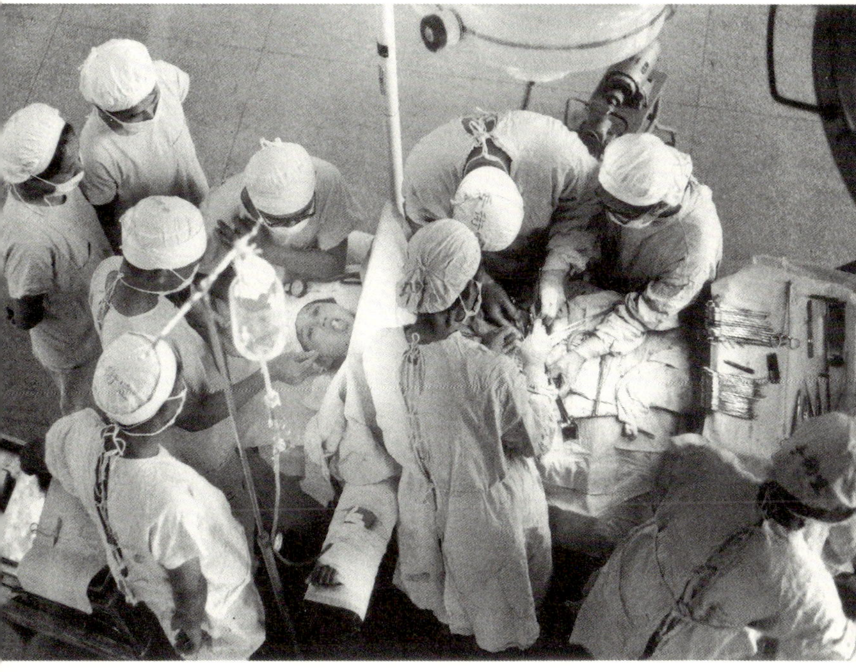

der Jugend getragene Kulturrevolution. Inzwischen ist sie beendet, aber sie wird noch lange nachwirken; sie hat etwas zerstört, was vielleicht nicht mehr rückgängig gemacht werden kann. Sie begann offiziell im Sommer 1966. Ihr prominentester Promotor war Tschiang Tsching, die Frau Mao Tse-tungs, aber fast alle anderen hohen politischen Funktionäre trugen auch ihr Teil dazu bei und hielten wenigstens Radioansprachen an die chinesischen Schüler und Studenten im ganzen Land. Man hatte schon einige Zeit vorher von diesen Ideen gehört, aber erst als die Regierung sich offiziell dahinterstellte, wurden sie in die Tat umgesetzt. Tschiang Tsching wies in ihrer Eröffnungsrede auf gewisse Personen hin, die vorgäben, der Revolution zu dienen, im geheimen aber die Konterrevolution vorbereiten würden. Deshalb müsse eine neue Revolution, »die große sozialistische Kulturrevolution«, in Angriff genommen werden. Ihr Ziel sei, die vier Überbleibsel der Vergangenheit zu vernichten: altes Denken, alte Kultur, alte Sitten und alte Lebensformen. Das Ziel war kein geringeres als die Zerstörung der chinesischen Zivilisation. Tschou En-lai gab persönlich die Anweisungen für die taktische Durchführung der neuen Revolution. Universitäten, höhere Schulen und Fachschulen wurden geschlossen, um allen Schülern und Studenten, die der Grundschule entwachsen waren, Gelegenheit zu geben, sich ausschließlich dieser neuen Revolution zu widmen. Die Erst- und Zweitkläßler der Mittelschulen durften nur noch morgens in die Schule gehen, damit sie am Nachmittag der Revolution dienen konnten.

Zu einer der ersten Aufgaben der vom Lernzwang befreiten Studenten gehörte es, den Lehrkörper von jenen subversiven Kräften zu säubern, die als »Revisionisten« und Anhänger der alten Lebensweise galten. Die aggressiven Proklamationen auf Wandzeitungen und in Versammlungen waren nur ein milder Vorgeschmack dessen, was erst bevorstand. Den Studenten

wurde erlaubt, mehr noch, sie wurden dazu angehalten, diesen verbalen Angriffen und Verurteilungen grausame Bestrafungen folgen zu lassen. Lehrer wurden geschlagen und gefoltert, sie wurden gezwungen, Insekten und ihre eigenen Exkremente zu essen; man hängte sie an den Armen auf und zwang sie, auf Glasscherben niederzuknien. Diese Grausamkeiten entziehen sich jeder Beschreibung. Unter den Studenten taten sich selbstverständlich diejenigen am meisten hervor, die auf den Schulen und Universitäten versagt hatten und deshalb von Haß und Ressentiments gegen die Lehrer erfüllt waren. Ungebildete Bauern und Kinder rotteten sich bei der Zerstörung von Schulen und alten Baudenkmälern zusammen. Die Jungen und Mädchen nannten sich »Rote Garden«, und das Ganze war eine Revolution, die, wie Tschiang Tsching sagte, ohne Beispiel in der Geschichte war.
Ich brauche wohl nicht näher auszuführen, wie erschütternd und tragisch dies alles ist. Den Kulturdenkmälern der Vergangenheit wurde nicht wiedergutzumachender Schaden zugefügt und, was noch schlimmer ist, Leiden und Elend über die besten Lehrer und Professoren Chinas gebracht. Nicht wenige von ihnen verloren ihr Leben bei den erniedrigenden Folterungen. Besonders tragisch ist, daß die Jugend Chinas angestiftet wurde, Schimpf und Schande über ihr Land zu bringen, auf das die Welt seit Jahrhunderten achtungsvoll als auf einen Hort höchster Kultur geblickt hat.
Die Offensive gegen die chinesische Lehrerschaft ist deshalb so aufschlußreich, weil sie sich insgesamt gegen die Lehrer und Gelehrten, die Forscher und Philosophen richtete, den am höchsten geachteten und ehrwürdigsten Stand in der langen Geschichte des Landes. Die Entehrung dieses Standes bedeutet allerdings das endgültige Verdammungsurteil über Konfuzius, der fünfhundert Jahre vor Christus definiert hatte, was den Menschen als Menschen ausmacht, und die konfuzianische

Arbeit in einer landwirtschaftlichen Kommune. Das Bild wurde zu einer Zeit aufgenommen, als über 90 Prozent der bäuerlichen Bevölkerung Chinas in Kommunen organisiert waren. Hier herrscht ein geschäftiges Treiben. Die meisten der Arbeiter auf dem Feld sind Studenten, die ein Prinzip Maos anwenden, demgemäß die Intellektuellen von Zeit zu Zeit an der Arbeit der Bauern teilnehmen sollen. Ob dieses Prinzip auch umgekehrt angewandt wird, weiß ich nicht.
Jedenfalls sind nur zwei echte Bauern zu sehen: der Mann mit dem typischen spitzen Hut, der den Kohlkopf untersucht, und eine Frau, die den Korb hält. Auf dem Kopf hat sie ein Kleidungsstück, das von fast allen Bäuerinnen in Zentral- und Nordchina getragen wird. Außerdem die obligaten schwarzen Hosen und die weiße Baumwolljacke. Wahrscheinlich handelt es sich um ein Bild aus Nordchina, denn dort wächst solch ein Kohl, wie wir ihn hier sehen. Die von Raupenfraß befallenen äußeren Blätter werden entfernt, und nur das unverletzte Innere des Kohlkopfes bleibt übrig. Die Körbe sind aus Weide und Bambus geflochten. Die jungen Leute arbeiten mit solcher Hingabe, daß ich sicher bin, hier von Mao überzeugte Studenten zu sehen. Und die beiden Bauern? Ich kann ihre Gedanken nur ahnen. Bestimmt ist ihnen die unentgeltliche Hilfe der Studenten höchst willkommen.

Tradition. Jahrhundertelang wurden die Lehrer von ihren Schülern und von allen Bürgern ganz besonders verehrt. Wenn ein Kind in der Schule aufgenommen wurde, dann wurde es zuerst in einer feierlichen Zeremonie dem Lehrer vorgestellt, und der Lehrer übernahm die Verantwortung für seine moralische und geistige Erziehung. Man fragt sich natürlich, warum die Studenten aufgehetzt wurden, ihre Lehrer mit falschen Anschuldigungen zu verleumden, zu foltern, ja sogar zu töten. Dazu gibt es eigentlich nur eine einleuchtende Antwort: die alten Intellektuellen erkannten natürlich die Schwächen des neuen Regimes zuerst und zogen deshalb jene Zivilisation und Ordnung vor, die sie kannten und schätzten. Zusätzlich bestand die Gefahr, daß sie die Fehler des neuen Regimes entlarven würden. Politisch war es zweifellos äußerst raffiniert, die jungen Menschen, die die Vergangenheit nicht kannten, gegen diejenigen aufzuhetzen, die diese Vergangenheit noch erlebt hatten und sich erinnerten.

Die echte Tragik der Kulturrevolution besteht darin, daß man die jungen Menschen betrogen und ihr Denken korrumpiert hat. Sie wurden ihrer eigenen ruhmreichen Vergangenheit und der großartigen Zivilisation ihres Landes beraubt. Zwar brach zu allen Zeiten nach dem Niedergang einer jeden Dynastie und dem Umsturz einer traditionellen Form der Regierung eine Zeit der Unruhe an. Das ist in der Geschichte Chinas mehr als einmal geschehen. Doch niemals wurde das geschichtliche Bewußtsein verändert, weil die gesellschaftliche Basis davon nicht betroffen war. Der neuen Generation aber ist diese Basis zerstört worden. Der eigentliche Ursprung der chinesischen Zivilisation wurde in Frage gestellt und die Moral an sich verworfen. Die Folge ist, daß junge Menschen, die ihren Führern gehorchen, in ihrer Unwissenheit Verbrechen und Grausamkeiten begehen und fest daran glauben, daß das, was sie da tun, richtig sei. Erst sehr spät haben die intelligentesten unter ihnen erkannt, wie fürchterlich sie mißbraucht worden sind. Ich zitiere das Tagebuch von Ken Ling:

»Ich hatte nur noch den einen Gedanken: zur Schule zurückzukehren, in mein Klassenzimmer; und auf meinem alten Platz Nummer 7 in der dritten Reihe zu sitzen. Ich ließ meinen Kopf sinken und dachte nach. Konnte ich, der Rotgardist, der so hoch gestiegen war, wirklich wieder zur Schule gehen und den alten Gesetzen der Schule wieder gehorchen? Konnte ich je wieder jene Lehrer respektieren, die wir im Kampf so erniedrigt hatten? Wenn ich an diesen leeren Platz in der wiedereröffneten Schule dachte, dann hatte ich nur noch den Wunsch, aus dem Fenster zu springen, um mich zu töten.

Viele meiner Genossen sprachen offen davon, nach Hongkong zu fliehen. ›Wenn es nur einen Weg dahin geben würde, wir würden ihn gehen, auf allen vieren, wenn es sein müßte...‹ Aber es war nicht Hongkong, an das der ›Zweite Bruder‹ dachte, als ich – ein Führer ohne Pflichten und ein Student ohne Studien – eines Tages zu ihm ging, um ihm zu sagen, daß ich bereit sei, mit ihm zu fliehen. Gründlich wie er war, hatte er die Karten, den Kalender, den Mond und die Strömungen studiert und seinen Plan darauf aufgebaut. Wir wollten schwimmend entkommen, und zwar auf die Insel Tatan, vor der Küste von Quemoy.

...Am 19. Juli 1968 erwachte ich um fünf Uhr morgens. Am Himmel trieben kleine Wolkenfetzen, die im Licht der aufgehenden Sonne leuchteten. Es würde ein stiller heißer Sommertag werden, ein gutes Omen. Als meine Mutter zu einer Besorgung wegging, begann ich in meinem Zimmer aufzuräumen... dann häufte ich alle meine Tagebücher der letzten acht Jahre auf und setzte sie in Brand. Bevor ich das Streichholz anzündete, schlug ich die erste Seite des ersten Buches auf und las, was ich an diesem Tag in der vierten Klasse geschrieben hatte: Ich möchte ein Wissenschaftler werden und das Universum zum Wohle der Menschen erforschen...

Am Abend war der Strand voller Menschen. Aber ich fand den ›Zweiten Bruder‹ schnell... alles war vorbereitet... wir warteten, bis es dunkel wurde, und dann wateten wir in das Wasser... es ging so leicht, daß wir Mut faßten. Wir hielten unsere Köpfe flach über dem Wasser und schwammen sehr vorsichtig, um kein Geräusch zu machen... Ohne Zwischenfall kamen wir an der Wache von Kulangu vorbei, die dicht bei dem Grab von Mei-Mei liegt. Der Schmerz darüber, die Heimat zu verlassen, ließ mich alle Furcht vergessen, und die Strömung trug mich schnell fort.

Wir passierten Kulangu und die Amoy-Universität. Ich blickte zurück und sah, wie der Himmel sich über der Insel von Amoy rötete, als ob sie in Flammen stünde. Links von uns sahen wir die Hügelkette, die sich wie eine Schlange am Ufer entlangzog.

Dann überfiel mich wieder die nackte Angst, und mir wurde bewußt, daß wir nur zwei Grashalme in der weiten See waren.«

Gar nicht so wenigen jungen Führern der Roten Garde gelang die Flucht nach Taiwan. Ich habe Freunde dort, die mindestens zehn von ihnen kennengelernt haben. Es handelt sich ausnahmslos um junge Idealisten, die ihrem Lande zu dienen meinten und denen später die Augen aufgingen, als sie auf die Dörfer geschickt wurden. Man hatte ihnen gesagt, daß die Bauern in den Dörfern ein gutes und glückliches Leben hätten. Aber als sie zu den Bauern kamen, mußten sie entdecken, daß ihre Lebensbedingungen weit entfernt waren von dem, was man ihnen erzählt hatte, und in Verzweiflung und Enttäuschung flohen sie unter großen Schwierigkeiten und Gefahren nach Taiwan. Aber auch dort fanden sie keine Ruhe. Sie sind von kommunistischen Ideen beherrscht. Wenn sie jemanden sehen, der elegant gekleidet ist, glauben sie, er müsse ein Volksfeind sein. Von der Vergangenheit durch Unwissen abgeschnitten, von der Gegenwart enttäuscht und an der Zukunft verzweifelnd, bilden sie wirklich eine verlorene Generation.

VIII

Hat sich China verändert, seitdem ich es verlassen habe? Wie oft habe ich mir diese Frage gestellt und nach einer Antwort gesucht. Ich habe wie andere vorausgesehen, daß der Westen an Macht verlieren und der Osten an Macht gewinnen würde. Aber ich habe das Ende der Kolonialzeit und den Aufstieg neuer, unabhängiger Staaten in Asien nicht so bald erwartet.

Daß dies noch zu meinen Lebzeiten geschehen konnte, führe ich auf den Substanzverlust des Westens in den beiden großen Weltkriegen zurück. Gleichzeitig hat der Westen an Einfluß verloren, weil er keine bedeutenden Staatsmänner mehr hervorgebracht hat.

Der entscheidende Verlust jeder Nation in einem großen Krieg ist nicht der materielle, ja, nicht einmal der allgemeine Verlust an Menschenleben, sondern der Verlust an solchen Menschen, deren schöpferische Persönlichkeit der Nation in besonderem Maße gedient hätte. Junge, idealistische, intelligente und talentierte Menschen findet man im Krieg wie im Frieden in der vordersten Linie, dort wo Aktion herrscht. Ihr Verlust ist nicht mehr zu ersetzen. Es kann kaum überraschen, daß die früheren Kolonialländer diese Situation benutzt haben, um so schnell wie möglich in den Kampf um ihre Befreiung einzutreten, unter ihnen Völker, die so lange kolonisiert waren, daß man sie kaum als Nationen ansprechen kann. Die Länder Indochinas zum Beispiel wurden tausend Jahre lang von den Chinesen beherrscht und hundert Jahre von den Franzosen. Jetzt versuchen sie, ihre Unabhängigkeit zu erkämpfen, ohne ihr gewachsen zu sein.

Andererseits hat der Westen durch den Mangel an bedeutenden Staatsmännern kaum noch eine Möglichkeit, den Völkern Asiens zu helfen. Was könnten wir ihnen schon bieten, wir, die wir selbst unter der Mittelmäßigkeit unserer Politiker zu leiden haben? Früher hieß es, die Geschichte würde von großen Männern gemacht, heute aber machen Ereignisse Geschichte, Ereignisse, die für unsere Politiker meistens eine Schuhnummer zu groß sind, und die sie deshalb nicht mehr bewältigen können. Der französische Schriftsteller und Gelehrte Amaury de Riencourt schrieb zum Beispiel folgendes über die amerikanische Politik:

»Die Außenpolitik der Vereinigten Staaten ist ein Produkt ihrer Geschichte und ihres Charakters: idealistisch, aber unrealistisch, weil sie nie auch nur versucht hat, ihre Politik und die Macht, diese Politik auch durchzusetzen, in ein vernünftiges Verhältnis zueinander zu bringen. Dies trifft speziell auf die sogenannte Politik der offenen Tür zu, die John Hay um die Jahrhundertwende in Noten an die übrigen Großmächte gegenüber China forderte. Zwar war seine Befürchtung, daß die Großmächte beabsichtigten, China untereinander aufzuteilen, nicht unbegründet. Aber solange die USA nicht bereit waren, dieser Politik notfalls auch mit Waffengewalt Geltung zu verschaffen, war sie nichts als eine hohle Deklamation... Die Politik der offenen Tür, so gut gemeint sie war, hatte daher höchst verhängnisvolle Folgen. Sie löste in den Vereinigten Staaten die Illusion aus, daß die Chinesen ihnen nun zu ewigem Dank verpflichtet sein müßten. Dazu hatten diese aber gar keinen Anlaß. Ganz im Gegenteil standen solchen Gefühlen gewichtige Gründe entgegen: so zum Beispiel das Einwanderungsverbot für Chinesen nach Amerika vom Jahre 1880, so die herablassende Art, mit der die Amerikaner, genauso wie die Europäer,

Es ist ebenso rührend wie naiv, mit welchem Stolz die Chinesen ausländischen Besuchern heute ihre Fabriken und Maschinen zeigen. Mit solchen Einrichtungen sind die Abendländer schließlich bestens vertraut, und meistens wollen sie etwas anderes sehen, wenn sie China besuchen.

In dieser Fabrik in Schanghai werden dreirädrige Lastwagen produziert. Selbstverständlich können diese Lastwagen in China allenthalben von großem Nutzen sein. Ihr Hauptwert – vielleicht aber zugleich ihre größte Gefahr – besteht darin, daß sie viele Arbeitskräfte freisetzen. Womit werden diese Menschen dann beschäftigt werden? Offenbar stellt man sich in China diese Frage nicht. Vielleicht ist man sich im heutigen China dieser Gefahr nicht einmal bewußt. Wir im Westen haben das Problem ja auch noch nicht gelöst. Wir produzieren immer bessere Maschinen, kontrollieren allerdings auch den Bevölkerungszuwachs mehr und mehr.

Die Chinesen vermehren gleichzeitig die Anzahl der Maschinen und die Bevölkerungszahl und vergrößern damit die Probleme der Welt. Die Arbeiterin im Vordergrund sieht zufrieden aus, obwohl sie nicht die gleiche Bezahlung erhält wie ihre männlichen Kollegen. Als ein westlicher Besucher kürzlich – durch diese Tatsache schockiert – eine chinesische Arbeiterin fragte, warum sie für die gleiche Arbeit weniger Lohn erhalte als die Männer, antwortete diese einfach, die Männer seien stärker als die Frauen und hätten darum ein Recht auf höheren Lohn.

die asiatischen Angelegenheiten zu behandeln pflegten. Hinzu kam noch das völlige Fehlen jedes psychologischen Einfühlungsvermögens.«

Ich würde dem noch die nahezu totale Unkenntnis über Geschichte und Kultur der verschiedenen Nationen Asiens hinzufügen. Jede Nation Asiens, alle seine Völker, unterscheiden sich stark voneinander. Jedes hat seine eigene Sprache, Sitte, Religion, Kultur und sogar seinen eigenen Speisezettel. Ich habe aber nur wenige Abendländer, vor allem wenige Amerikaner kennengelernt, die das wußten, sich darauf einstellten oder auch nur Notiz davon zu nehmen gewillt waren. Während ich das schreibe, erinnere ich mich an einen jungen amerikanischen Beamten des Außenministeriums (State Departments), der mich eines Abends in Korea um eine Unterredung unter vier Augen bat. Wir sprachen bis in die tiefe Nacht miteinander, und er erklärte mir bis in alle Einzelheiten seine Befürchtungen und seine Verzweiflung. Denn die amerikanischen Vorbereitungen, dem Volk von Korea beim Aufbau einer eigenen Regierung und bei seiner Selbstverteidigung zu helfen, seien so hoffnungslos unzureichend und verfehlt. Unsere Leute wüßten nichts über Korea und wären auch offensichtlich nicht daran interessiert, etwas hinzuzulernen. Der junge Mann war kurze Zeit vorher auf einer Konferenz in Moskau gewesen und hatte Gelegenheit gehabt, festzustellen, wie überaus gründlich an den Moskauer Universitäten die Sprache, die Sitten, die Geschichte und die Kultur Koreas studiert wurden in Vorbereitung der Arbeit in Korea und im Hinblick auf die zukünftigen Beziehungen Rußlands zu Korea.

Da sich sein Bericht mit meinen eigenen Erfahrungen deckte, entschloß ich mich, einen historischen Roman über Korea zu schreiben, »The Living Reed«, ein Buch, für das ich sehr viele Forschungen anstellte, obgleich ich Korea und die Koreaner doch schon recht gut kannte.

Aber nun zu China. Vergessen die Chinesen wirklich ihre Geschichte? Hat die Kulturrevolution ihr Ziel erreicht? Bei meinem Gespräch mit dem Australier in Danby, Vermont, begann ich zu erkennen, daß die Vergangenheit noch lange nicht tot ist in China. Mao Tse-tung selbst arbeitet mit den Methoden der Vergangenheit. Seine Ideen mögen neu sein, aber sie finden ihren Ausdruck auf die alte Weise. Früher wurde die Achtung vor den Vorfahren gelehrt, heute die Achtung vor den Märtyrern der Revolution, die als gütige Weise dargestellt werden. Aber wird das ausreichen? Wir diskutierten die Frage. Und langsam begann ich zu erkennen, wo das Hauptproblem heute in China zu suchen ist. Es ist die Frage der Nachfolge. Mao Tse-tung ist ein großer Mann. Aber wo ist ein Nachfolger? Die alte Methode, nach der der Nachfolger sich zwischen verschiedenen Bewerbern kraft seiner größeren Persönlichkeit durchsetzte, funktioniert vielleicht nicht mehr. Doch halt – wer sagt, daß nicht längst eine Reihe von Bewerbern um die Nachfolge bereitsteht und wartet, genau wie sie früher auf den Tod des Kaisers gewartet haben? Was ist Mao anderes als ein Kaiser? Und wer kann schon voraussagen, ob unter den »jungen Generalen« nicht der Kampf um die Nachfolge ausbrechen wird? Wenn schon unter den Letzten der Roten Garde sich kein Nachfolger gefunden hat, warum sollen dann nicht unter den jungen Generalen, die es massenweise in der heutigen kommunistischen Gesellschaft gibt, die Bewerber auftreten, die, wie schon so oft vor ihnen, um die Nachfolge miteinander konkurrieren werden? Zwar behaupten amerikanische Journalisten, die kürzlich in Peking waren, man dürfe diese Generale nicht mit den Kriegslords der Geschichte verwechseln. Wirklich nicht? Ich bin mir da nicht so sicher.
Und wenn wir schon davon reden – hat Marx nicht einfach Konfuzius ersetzt, und der Formalismus des Kommunismus den Formalismus des Konfuzianismus? Konfuzius wird heute

Eine Eisenbahnfahrt ist in China immer ein ebenso abenteuerliches wie lehrreiches Ereignis. Ich bin Tausende von Meilen mit der chinesischen Eisenbahn gereist – überall dahin, wo es überhaupt eine Eisenbahn gibt. Ich könnte mehrere Bücher über meine manchmal ebenso gefährlichen wie amüsanten Abenteuer auf der chinesischen Bahn schreiben.
Im neuen China wird in den Zügen offenbar eine alte Tradition mit modernen Mitteln fortgesetzt. Hartnäckig verbreitet in jedem Wagen ein Lautsprecher Lektionen über Hygiene, Maoismus, patriotische Lieder und Geschichten, Maoismus, Ackerbau, wieder Maoismus und alle anderen denkbaren Themen. Sie dringen in die Ohren von willigen und unwilligen Zuhörern. Einen westlichen Besucher kann es zum Wahnsinn treiben, wenn er in seinem Abteil den Knopf zum Abstellen nicht findet. Doch dieser Knopf ist immer sorgfältig versteckt und nicht leicht zu finden.
Der Service in den Zügen ist ausgezeichnet. Die alten Züge waren immer schmutzig. Die Leute spuckten hierhin und dorthin, warfen Erdnußschalen und Fruchtreste auf den Boden. Wohin auch sonst? Die Fenster waren meist hermetisch verschlossen. Aber neuerdings kommt in den Zügen alle halbe Stunde ein Angestellter und fegt den Boden mit einem Reisstrohbesen; andere Angestellte schenken Tee oder heißes Wasser aus. Allerdings konnte man auch früher im Zug Tee bestellen, wie ich mich erinnere, sogar so ausgefallene Getränke wie Chrysanthemen-Tee.
Überraschenderweise sind die neuen Züge nicht demokratischer als die alten. Wer Geld hat, kann in der »weichen« Klasse reisen, das heißt in einem Vierpersonenabteil mit Kissen, Laken und Decken. Tee wird auf Wunsch serviert und Essen im Speisewagen. Die weniger Bemittelten sitzen nach wie vor auf harten Holzbänken und schlafen auch darauf.
Fairerweise muß man zugeben, daß die chinesische Eisenbahn heute sauber und pünktlich ist und weit größere Strecken umfaßt als früher. Und an das unaufhörliche Getöse der Lautsprecher kann man sich auch gewöhnen. Die Fähigkeit des Menschen, wegzuhören, ist außerordentlich stark und nicht an Rassen und Nationen gebunden.

verworfen, aber ist die Lehre von Mao nicht eine genauso strenge Kontrolle, wie es die des Konfuzius jahrhundertelang war? Vielleicht hat sich gar nicht soviel in China geändert. Konfuzius behielt die Herrschaft viele Jahrhunderte lang nach seinem Tode. Das heißt, er beeinflußte das Leben des Volkes so lange, bis Kontrolle, Selbstkontrolle und soziale Kontrolle zu Selbstverständlichkeiten geworden waren. Und Mao Tse-tung hat sicher nichts getan, um diese Kontrollen zu lockern. Die »Selbsterziehung«, die heute so leidenschaftlich in China gepredigt wird, hat sehr viel von Konfuzius an sich. Einen gewaltigen Unterschied gibt es allerdings: Konfuzius glaubte an das Individuum; der Kommunismus glaubt an das Kollektiv. Unter dem Konfuzianismus gab es Raum für die Entwicklung der großen Individualität. Ist das auch unter dem Kommunismus möglich?

Vorläufig sind die Anstrengungen Chinas darauf gerichtet, seine Einheit zu festigen. Früher waren die Provinzen selbständige Einheiten, die nur locker durch die gemeinsame Geschichte und Philosophie miteinander verbunden waren. Heute tauchen neue Aufgaben auf. Jetzt kommt es darauf an, wie die weniger industrialisierten Regionen entwickelt werden können und wie die industrialisierten Zonen dabei helfen sollen. Noch ist die Landwirtschaft die große nationale Aufgabe, wobei der Bauer teilweise sein eigenes Land bewirtschaftet und gleichzeitig für die ländliche Kommune arbeitet. Noch immer verachten die Intellektuellen die Handarbeit, obgleich sie dazu gezwungen werden. Es wird ihnen zur Pflicht gemacht – und man erfüllt seine Pflicht –, aber das ist nur die Oberfläche. Die Verachtung bleibt.

Die Künste entwickeln sich trotz der Handarbeit. Das Theater vor allem soll einen großen Aufschwung genommen haben, ebenso das chinesische Ballett. Die Zeit der Imitation des russischen Balletts ist längst vorbei. Auch die alten chinesischen

Musikinstrumente kommen wieder zu Ehren, zum Beispiel die pi-pa. Opern werden komponiert. Schwerttänze und Schattenspiele werden aufgeführt. Zwar soll die Musik starke westliche Anklänge haben – oder Tschaikowsky imitieren. Aber vielleicht hatten die Chinesen noch keine Zeit, eine eigene Musik zu entwickeln.

Ich fragte meinen Australier, was die Chinesen heute den Amerikanern gegenüber empfinden. Er antwortete, daß sie glauben, beide Länder könnten zusammenarbeiten, jetzt, wo die Dulles-Ära vorüber sei. Sie fürchten Rußland und Japan – die alten historischen Ängste. Aber zwischen den Chinesen und den Amerikanern existiert eine Art kontinentaler und historischer Affinität. Sie bewundern die amerikanische Revolution. Sie bewundern die Tatsache, daß die USA mit einer auf Idealismus basierenden Dynamik und mit großer Weltoffenheit gegründet worden sind. Tschou En-lai hat das mehrmals im klaren Gegensatz zu der russischen Auffassung betont. Die Amerikaner, sagt er, vergessen schnell und sind nicht nachtragend.

Die Chinesen hatten sogar, wie man mir berichtet hat, Verständnis für die Schwierigkeiten der amerikanischen Position in Vietnam, und speziell für das Problem, aus der Sache herauszukommen, ohne das Gesicht zu verlieren. Die Chinesen waren nie besonders an der übrigen Welt interessiert und haben nie Gefallen an den Lasten und Problemen gefunden, die eine Kolonialmacht zu tragen hat. Sie wollen nur wiederhaben, was einmal zu ihrem Reich gehörte – die Mongolei zum Beispiel. Sie sind daran interessiert, daß das System funktioniert, und sie wollen ihr Land wiederhaben, um es in Ruhe und Ordnung zu verwalten. Schon Konfuzius hat gesagt: Bleibe im Land und nähre dich redlich, während Christus sagt: Gehet hin in alle Welt. Aber vielleicht ist es auch damit so wie mit der ewigen Frage nach dem Huhn und dem Ei. Haben wir das Christentum geprägt, oder hat das Christentum uns geprägt?

Wir sind an diesem Tage lange gewandert, der junge Australier und ich, und wir stimmten darin überein, daß das China von heute in vieler Beziehung immer noch das China vergangener Jahrhunderte ist. Aber er hatte dabei doch einen sehr einleuchtenden Vorbehalt, der den Kontrast zwischen dem heute China beherrschenden Mao-Mythos und dem Konfuzius-Mythos der Vergangenheit deutlich macht. Er sagte: Konfuzius wollte im Grunde die Gesellschaft erhalten. Mao will sie verändern.

IX

Seit Tagen hatte ich gewartet – auf den Brief gewartet. Und während ich wartete, erinnerte ich mich an das China, das ich besser kannte als mein eigenes Land, an das Volk, das ich besser verstand als mein eigenes. Ja, wir waren aus diesem Land vertrieben worden, ich und meine Familie. Vertrieben, weil wir Fremde, Weiße sind. Aber ich kannte mein chinesisches Volk und seine Geschichte und hatte selbst als Vertriebene Verständnis für ihre Furcht, von den westlichen Imperialisten unterjocht zu werden. Man hatte den Chinesen viel Unrecht zugefügt. Ich verzieh ihnen, weil sie mein eigenes Volk nicht kennen können. Ich wußte, wie absurd und verlogen die Behauptung war, daß die christlichen Missionare für westliche Regierungen spionierten. Ich fand mich mit ihrer traditionellen Unkenntnis des Westens ab, in dem Bewußtsein, wie groß China ist, wie alt und wie zivilisiert. Da ich meine Eltern so verehrte, ihren Edelmut und die großen Opfer, die sie gebracht hatten, setzte ich voraus, daß die Chinesen eines Tages die Wohltaten anerkennen würden, die ihnen die christlichen Missionare gebracht haben. Nicht nur die Wohltaten der christlichen Nächstenliebe, sondern auch die Errungenschaften der Wissenschaft, der modernen Medizin und Erziehung.

... Ach was kommt mir alles in den Kopf wegen dieses Briefes, der da vor mir auf dem Tisch liegt...

Ich denke an jene drei amerikanischen Schwestern: die erste war eine geschickte Chirurgin, die zweite eine unendlich zarte und geduldige Krankenpflegerin und die dritte eine gute Leh-

Szene am Ufer des Yangtse mit Booten, Sampans und Segelschiffen, auf denen Flüchtlinge in ihre Heimat bei Pukow zurückkehren. Es ist tatsächlich wie früher: die alten Holzboote sehen so zerbrechlich aus, aber sie kentern fast nie und gehen selten unter, obwohl sie immer mit Fracht und Menschen überladen sind. Das moderne Handelsschiff im Hintergrund wartet auf einen Platz im Dock oder wird mit kleinen Booten entladen, weil der Anlegeplatz verschlammt ist.
Es gibt soviel Neues in China, daß man immer wieder überrascht ist, soviel zu finden, was sich nicht geändert hat und vielleicht nie ändern wird. Aber wer kennt schon China? Nicht einmal die Chinesen. Jeder Mensch kennt nur seine kleine Welt und nicht viel mehr.

rerin. Sie lebten in einer abgelegenen Provinz nördlich des Flusses, in der Stadt Hwaiyuen. Sie hatten jeden Gedanken an Heirat und eine eigene Familie aufgegeben, um ihr Leben der Hilfe für das chinesische Volk zu weihen. Sie haben tausendfach Leben gerettet, diese drei selbstlosen Frauen. Ich sehe die Gesichter der Murdockschwestern vor mir, als wäre es gestern gewesen. Sie kamen aus einer wohlhabenden Familie und sahen ihr Lebenswerk darin, ihr Leben inmitten eines unwissenden, fremden und mißtrauischen Volkes zu verbringen, das kaum in der Lage war, die Botschaft der christlichen Nächstenliebe zu verstehen, die sie nach China brachten. Jeden Morgen, lange bevor sie gefrühstückt hatten, gingen sie zur Stadtmauer hinaus, um die weiblichen Säuglinge einzusammeln, die von ihren Eltern verstoßen und deshalb in einem Turm der Mauer, dem sogenannten Babyturm, ausgesetzt worden waren, um sie dort sterben zu lassen. Die Schwestern nahmen diese winzigen Wesen zu sich, ernährten sie, zogen sie auf und unterrichteten sie in ihrer eigenen Schule. Ich habe diese Mädchen zu gesunden glücklichen jungen Frauen heranwachsen sehen, die heirateten, gute Ehefrauen und gute Mütter wurden. Wie haben die Murdockschwestern alle geliebt.

...heute morgen kam der Brief, nach Wochen des Wartens...

Warum spreche ich von bestimmten Leuten, wenn ich an Hunderte von guten westlichen Männern und Frauen denke, die ich in vierzig Jahren in China kennengelernt habe? Ich habe keinen einzigen Missionar, ob Protestant oder Katholik, Amerikaner oder Europäer, getroffen, der nicht aufrichtig sein Leben der Hilfe für das chinesische Volk gewidmet hat. Wie haben sie alle gelitten, wenn ihre Landsleute, Soldaten, Diplomaten oder Geschäftsleute sich irgendein Unrecht gegenüber den Chinesen zuschulden kommen ließen. Stets ergriffen sie Partei für die Chinesen und protestierten sogar bei ihren eigenen Regierungen. Wie viele haben sogar ihr Leben für die Armen und Unterdrückten hingegeben, und wie viele wurden dennoch zusammen mit ihren Frauen und Kindern beim Boxeraufstand ermordet. Sie trugen nichts nach, sie hatten verstanden, aber dennoch lagen sie da in ihrem Blut.

... der Brief – der Brief, er liegt auf meinem Tisch ...

Warum gingen so viele Menschen von zu Hause fort in das fremde China, um mitten unter andersartigen Menschen zu leben und zu arbeiten? Wie war das bei meinen Eltern? Wenn sie nicht vom christlichen Glauben und der Liebe zu allen Menschen und Rassen inspiriert und aufgerufen gewesen wären, von jener Nächstenliebe, die auf so seltsame Weise dem Geist des Konfuzius verwandt ist, daß ich überzeugt bin, Christus muß, fünfhundert Jahre später, seine Lehre gekannt haben, die Lehre des großen Konfuzius, den die Chinesen heute verwerfen, dann hätten sie wahrscheinlich ein langes und glückliches Leben in der Heimat ihrer Vorfahren vor sich gehabt. Sie kamen aus gebildeten und kultivierten Familien und waren künstlerisch sehr begabt. Die Familie meines Vaters war durch ihre Sprachforscher bekannt. Die Familie meiner Mutter hat bedeutende Erzieher und Künstler hervorgebracht. Und sie alle lebten in großen und komfortablen Häusern.

Und warum haben sie das alles in ihrer Jugend gegen den Wunsch ihrer Eltern aufgegeben, um ihr Leben unter Chinesen zu verbringen?

Ich sehe meinen Vater und meine Mutter in Tausenden von kleinen Szenen vor mir – meinen großen schlanken Vater, wie er die ganze Nacht in unserem Wohnraum auf und ab geht und dabei einen opiumsüchtigen Chinesen stützt, der eine Überdosis genommen hat und deshalb wachgehalten werden muß. Meine Mutter kocht immer wieder starken Kaffee, um ihn wachzuhalten. Wer war dieser Chinese? Ich weiß es nicht mehr, vermutlich ein Nachbar, dessen Frau zu uns gerannt kam

Eines der größten Feste im neuen China ist der 1. Oktober, der Nationalfeiertag. Ein Tag der Paraden, des Singens und Tanzens und explosiver Propagandareden. Sogar die letzten der taoistischen oder buddhistischen Mönche zeigen ihren Patriotismus und demonstrieren zusammen mit dem Einwohnerkomitee ihrer Stadt. Die Lotusblumen aus Papier sind ein Symbol des Buddhismus.
Keiner der Mönche ist mehr jung. Für diese Männer, die seit ihrer Kindheit Mönche waren, ist es zu spät, ein neues Leben zu beginnen. Aber ich zweifle daran, ob ein junger Chinese heute noch wagen kann, Mönch zu werden.

und schreiend um Hilfe bat. Sie saß weinend bei uns, und ich, das kleine Mädchen, versuchte sie zu trösten.
Dies ist eine von Tausenden von Erinnerungen. Mein Vater unternahm oft lange Reisen über Land und durch die Dörfer... Er arbeitete Tag und Nacht, meisterte die chinesische Sprache, übersetzte das Neue Testament aus dem Griechischen und das Alte Testament aus dem Hebräischen in das Chinesische. Er verwandte dabei chinesische Volkssprache, Jahrzehnte vor der literarischen Revolution von Hu Schih und Tsch'en Tu Hsiu. Seine chinesische Übersetzung der Evangelien und danach des ganzen Neuen Testaments sind heute im Museum der Amerikanischen Bibelgesellschaft in New York. Seine einzigartige gelehrte Arbeit über die chinesischen Dialekte liegt in der Kongreßbibliothek in Washington, D. C. Er war ein großer, schöpferischer Gelehrter in vielen Sprachen, aber er widmete sein Leben dem chinesischen Volk. Es belohnte ihn dafür mit sehr viel Liebe. Es war seine einzige Belohnung. Und nach zweiundfünfzig Jahren des Dienstes am chinesischen Menschen, gleich welcher Klasse, ob reich oder arm, ob ungebildet und gebildet, starb er an einer tropischen Dysenterie, einer typisch chinesischen Krankheit, innerhalb von drei Tagen im Alter von achtzig Jahren. Sein Grab liegt auf dem Berg Kuling, in der Provinz Kiangsi.
Mein geliebter Vater. Nie mehr werde ich dein Grab besuchen dürfen – nie wieder. Denn da ist dieser Brief, der mir verbietet, jemals zurückzukehren... Und meine tapfere, kleine, unerschrockene Mutter. Vier Kinder hat sie verloren, alle in frühester Kindheit, alle starben an tropischen Krankheiten. Wäre sie zu Hause geblieben, in dem gesunden Klima ihrer wunderschönen Heimat, bei ihren Brüdern und Schwestern, alle ihre Kinder könnten noch leben. Aber sie starben als kleine Märtyrer in alten chinesischen Städten. Sie starben an heimtückischen schweren Seuchen, für die es damals in China keine Heilung

gab. In wenigen Stunden starb meine vier Jahre alte Schwester an der Cholera, ehe ich auf die Welt kam. Meine andere ältere Schwester starb in wenigen Stunden, sechs Monate alt, an einer plötzlichen unbekannten Erkrankung, mein zwei Jahre alter Bruder innerhalb eines Tages an einer anderen. Und als ich sieben war, starb mein fünfjähriger Bruder an Diphtherie, für die man gerade eine Therapie in Europa gefunden hatte, die aber für ihn im fernen China zu spät kam. Und meine geliebte Mutter wurde ebenfalls beinahe von der Cholera hinweggerafft. Dann bekam sie Tuberkulose und starb schließlich, viel zu früh, an tropischer Sprue.

Warum muß ich plötzlich daran denken, wie sie sich nachts in dunklen chinesischen Kleidern aus dem Haus stahl, begleitet nur von einer ergebenen chinesischen Helferin, um in jeder der ärmlichen Hütten der hungernden Flüchtlinge aus dem Norden einen Silberdollar zu verteilen. Immer und immer wieder setzte sie ihr Leben aufs Spiel, für Fremde in einem fremden Land. Warum? Warum? Sie war von der christlichen Nächstenliebe durchdrungen, jener Liebe, die sich der Vernunft entzieht und die für die Chinesen absolut unverständlich war. Ihr Grab und die Gräber meiner kleinen Geschwister lagen auf einem kleinen Friedhof, in Tschinkiang. Ich bat kürzlich um die Erlaubnis, diese meine Heimatstadt noch einmal besuchen zu dürfen, um jene Gräber zu sehen. Jetzt weiß ich, daß ich sie nie wiedersehen werde. Vielleicht sind sie längst eingeebnet. So viele Gräber wurden geschändet und die Toten untergepflügt, um das Land zu düngen. Ich werde es nie erfahren. Man hat es mir verboten. Ich bin exiliert.

...Da liegt der Brief. Wie eine drohende Faust. Was bedeutet er? Der Brief ist an mich gerichtet, aber wer bin ich?! Was bedeutet es für die Welt, wenn ein untergeordneter chinesischer Funktionär eine derartige Engstirnigkeit, eine so stupide Rachsucht zeigen darf? Und wenn eine ganze Generation von Kindern, herziger chinesischer Kinder, in einer so gefährlichen und rachsüchtigen Dummheit aufgezogen worden ist und aufgezogen wird? Dieser Brief läßt mich zittern. Nicht um mich, denn ich bin alt und zähle nicht mehr. Dieser Brief läßt mich um die Menschheit zittern. Es ist der Brief eines Mannes, der nichts von der Vergangenheit und der Gegenwart versteht, nichts von seinem eigenen Land und erst recht nichts von der Welt. Und deshalb ist dieser Brief eine Bedrohung für die ganze Welt. Gott gebe, daß dieser Mann nicht typisch für sein Land und sein Volk ist. Aber ich befürchte, daß er zumindest repräsentativ für seine Regierung ist...

Die Erinnerungen an meine Kindheit, meine Jugend, mein ganzes in China verbrachtes Leben überfallen mich heute. Sicher waren meine Eltern ungewöhnlich in der Fülle ihres Kulturerbes. Sie waren geborene Intellektuelle und als solche auch erzogen, genau wie ihre Kinder. Mögen dumme und neidische Menschen uns auch nachstellen, wir werden uns immer als Elite wieder rekrutieren. Eine Nation kann ohne ihre Intellektuellen nicht lange leben. Meine chinesischen Freunde berichten mir, daß heute zwar alle Kinder in China die Chance zu einer besseren Erziehung hätten, doch nur eines von zehn sei fähig, eine höhere Bildung zu erwerben. Das ist wahrscheinlich ein Verhältnis, das auf jedes andere Land auch zutrifft.

Aber die Menschen, von denen ich eigentlich sprechen will, sind nicht unbedingt Intellektuelle. Ich habe zwar einst einen leidenschaftlichen und öffentlichen Aufruf verfaßt, gut ausgebildete Missionare in die Welt zu senden, aber im Augenblick denke ich nicht an jene westlichen, besonders amerikanischen, Männer und Frauen, die das Christentum in alle Welt getragen haben, weil sie es für ihre Pflicht hielten. Ich denke an die Millionen und Abermillionen Menschen in den Vereinigten Staaten selbst, die länger als ein Jahrhundert ihr Geld gespendet haben – die wohlhabenden, um große Krankenhäuser bauen zu

lassen, und die weniger Bemittelten, die amerikanischen Arbeiter, um ihre schwer erarbeiteten Dollars mit den Armen Chinas zu teilen. Wenn Hunger in China herrschte, haben sie Nahrung und Geld gesandt, und sie taten es seit mehreren Generationen. Ich selbst war Zeuge. Ich bewundere die Großherzigkeit der Amerikaner, die nicht nur ihrem Glauben entspringt. Dieses Volk gibt großzügig und gern und hilft warmherzig anderen Völkern und Nationen – eine Generosität, für die es in der menschlichen Geschichte keine Parallele gibt, jedenfalls nicht in der chinesischen Geschichte. Der Missionsimpuls war in China absolut unbekannt, ehe die politischen Implikationen des Kommunismus einige chinesische Missionen nach Afrika und in ein paar andere kleine Länder geführt haben. Selbst dieser Impuls, so schwach er ist, stammt aus einer fremden westlichen Ideologie. Denn der Kommunismus kam aus Rußland nach China, und nach Rußland kam er aus Europa, dank Marx und Engels. Allerdings gab es immer einen revolutionären Geist in China. Wieder und wieder haben die Bauern rebelliert, haben Intellektuelle gemordet und versucht, eine neue Regierung, eine neue Dynastie zu konstituieren. Immer blieben sie erfolglos, bis wieder genügend Intellektuelle herangewachsen waren, um die Kontrolle zu übernehmen, wie sie es immer tun werden und müssen.
Ich habe eine gewisse Sympathie für den revolutionären Impuls, denn die intellektuelle Elite hat nun mal ihre Verpflichtungen. Sie ist nicht um ihrer selbst willen da. Die Natur teilt ihre Gaben blind aus, vielleicht auch nach chemischen und mathematischen Gesetzen, von denen wir vorerst nur eine dunkle Ahnung haben. Insofern kann ein brillanter Geist in jeder Bauernkate auftauchen – wie Mao Tse-tung beweist, den Millionen verehren, der der Sohn eines Bauern und selber ein Bauer ist und der, obwohl ein absoluter Herrscher, sein Land nur für ein oder zwei kurze Besuche in Rußland verlassen hat. Ob er es

Das ist Hangtschau in der Provinz Tschekiang in Zentralchina. Jedermann oder wenigstens jeder Chinese weiß, daß Hangtschau der schönste Ort der Welt ist. Die Stadt hat nur einen Rivalen – Sutschau, etwas weiter nördlich. »Über uns der Himmel«, so pflegten die Chinesen seit Jahrhunderten zu sagen, »und auf Erden Hangtschau und Sutschau.« Und sie fügten gleich hinzu, daß auch die schönsten Frauen der Welt aus diesen beiden Städten kommen.
Doch Hangtschau gebührt die Palme. Ich war oft dort und habe mich an dem schönen See und den ausgezeichneten Restaurants erfreut. Selbstverständlich hat man Hangtschau auch Präsident Nixon gezeigt.

wahrhaben will oder nicht – auch er ist ein Intellektueller und gehört zur Elite. Es ist auch keine Frage des Geschlechtes. Die Natur, blind wie sie ist, kann auch eine Frau mit brillantem Geist ausstatten. Welch eine Ironie, daß der chinesische Kommunismus – der Sozialismus, wie er sich selbst lieber bezeichnet – zwar die Gleichberechtigung der Frau verkündet, ihr jedoch den gleichen Lohn, wie die Männer ihn bekommen, vorenthält. Aber lachen kann ich darüber allerdings nicht.
...der Brief – der Brief! Er liegt da auf meinem Tisch, wie eine Schlange, wie eine giftige Natter...
Ich kehre zu meinen Erinnerungen zurück, die plötzlich wieder in großer Klarheit aus der Vergangenheit wiederkehren. Meine Eltern haben mich früh gelehrt, die Chinesen wegen ihrer großen Geschichte und alten Zivilisation zu achten, ja zu verehren. Mein dem Konfuzius ergebener Lehrer hat sie dabei auf seine Weise unterstützt. Höflichkeit und gegenseitige Achtung beherrschten unseren Lebensstil. Niemals habe ich mich als Kind in Gegenwart eines chinesischen Gastes gesetzt. Jeder Chinese erfuhr die ihm gebührende Achtung. Unsere Bediensteten wurden mit Anstand und Höflichkeit behandelt und blieben über Jahre bei uns. Selbst bei der Eroberung Nankings 1927 durch die chinesischen kommunistischen Revolutionäre hielten sie uns die Treue. Eine kräftige Bauersfrau, die ihr Leben für uns aufs Spiel gesetzt hatte, fand sogar den Weg zu uns nach Unzen in Japan, wohin wir geflohen waren, als man unser Heim zerstört und unsere Habe geplündert hatte.
Eines Morgens klopfte es in unserem kleinen japanischen Haus an die Tür. Es war noch vor sieben Uhr, und ich bemühte mich gerade, für die Kinder eine Art Frühstück zustande zu bringen, denn meine Küche und mein Ofen bestanden nur aus einer kleinen kupfernen Pfanne und einem Holzkohlenfeuer. Als ich das Klopfen hörte, dachte ich, da käme die alte Fisch-

frau, die manchmal morgens bei uns auftauchte, um uns frische Krabben zu verkaufen. Statt dessen kam Tschu Sau-tse, unsere chinesische Dienerin.

Mir verschlug es die Sprache. »Wo kommen Sie her? Wie haben Sie uns gefunden?«

»Sie brauchen mich«, antwortete sie einfach.

Und sie kam herein mit ihrem kleinen Bündel und schob mich einfach beiseite.

»Ich mach das schon«, verkündete sie.

Und so geschah es auch, und sogar heute noch muß ich den Federhalter aus der Hand legen und lachen, wenn ich mich an diese robuste Frau mit ihrem runden rosigen Gesicht erinnere. Ich sitze hier an meinem Arbeitstisch in Vermont an einem herrlichen Frühlingsmorgen, und vor meinem Fenster wogt ein großes Feld von purpurroten und goldgelben Tulpen. Ich erinnere mich, und ich fühle die alte große Liebe zum chinesischen Volk, die ich immer empfunden habe, obwohl es dort auch Menschen gab, die mich töten wollten.

...Ja sogar jetzt, wo dieser Brief mich bedroht und mir die Rückkehr in das Land verwehrt, wo ich so lange gelebt habe und in gewisser Weise immer noch lebe, verspüre ich diese Liebe, und das wird wohl auch immer so bleiben...

Es war natürlich unvermeidlich, daß meine gesamte Persönlichkeit durch die Kindheit und Jugend in China geprägt worden ist. Meine Eltern hatten fast ausschließlich chinesische Freunde. Mein Vater, ein unbeugsamer und etwas formeller Mann, fand seine Freunde unter chinesischen Intellektuellen und Gelehrten. Die Freunde meiner Mutter waren vom gleichen Kaliber, aber sie war sehr warmherzig und fand auch schnell Kontakt zu den Bauersfrauen oder den Hungerflüchtlingen aus dem Norden, aber auch zu Damen aus wohlhabenden Familien. Alle waren Menschen und, da wir in einer chinesischen Gemeinde lebten, eben chinesische Menschen. Doch weil wir Intellektuelle waren, waren unsere engsten Freunde eben auch Intellektuelle und gehörten zu einer Elite. Deshalb verstehe ich heute die Klagen der chinesischen Intellektuellen über die gegenwärtige Revolution in China.

Ich verstehe aber auch die Leiden der chinesischen Bauern, weil ich das Leben der Bauern kennenlernen und in gewissem Umfang sogar miterleben durfte, denn meine Mutter wollte nicht gern in der Provinzhauptstadt Tschinkiang leben. Deshalb ließen wir unser Haus auf einem Hügel außerhalb der Stadt errichten. Es gab viele solcher Hügel in der Umgegend. In den Tälern waren fruchtbare Felder und kleine, aber ausgezeichnet bewirtschaftete Bauernhöfe. Da ich nach den vielen Todesfällen in unserer Familie lange Zeit ein Einzelkind war, rannte ich oft nach den Schulaufgaben den Hügel hinab und spielte mit den Bauernkindern, lernte ihre Familien kennen und ihre Lebensumstände, aß mit ihnen und brachte meine Spielkameraden dazu, auch mich zu besuchen, wenn sie ihre Arbeit getan hatten. Später, als ich geheiratet hatte, lebte ich ebenfalls auf dem Land, im nördlichen Teil der Provinz Anhwei, und nahm auch dort am Leben der Bauern teil. Ich beobachtete sie viele Jahre und kannte sie gut.

Als ich nach dem Abschluß meines Studiums wieder nach China zurückkehrte, um mein Leben dort zu verbringen, nahm ich wieder mit meinen alten Freunden unter den chinesischen Intellektuellen Verbindung auf. Wir diskutierten über alles zwischen Himmel und Erde, hauptsächlich aber über Literatur und unsere Aufgaben als Schriftsteller und schöpferische Menschen. Viele meiner Freunde schrieben in Nachahmung westlicher Schriftsteller, und als ich sie auf den phantastischen Stoff hinwies, den ihnen das bäuerliche Leben in China lieferte, fand meine Anregung wenig Gegenliebe. Wer interessiert sich schon für chinesische Bauern? fragte man mich.

»Zum Beispiel ich«, antwortete ich.

Und damit begann ich selbst zu schreiben, zunächst »Die gute Erde«, dann weitere Romane.
Erst später begannen die guten chinesischen Schriftsteller über bäuerliche Themen zu schreiben. Lu Hsün wurde berühmt; außerdem Ting Ling und mein spezieller Freund Lao Shê. Ich sah ihn zum letzten Mal, als er mich in meinem Heim in Pennsylvanien besuchte, und wir diskutierten lange, ob er nach Peking zurückkehren solle, wohin es ihn zog. Wir wußten beide, wie gefährlich das für ihn sein mußte, solange er sich nicht zum Kommunismus bekennen wollte und konnte.
Ach, dieser Besuch! An einem Wochenende gab ich eine große Party in unserer riesigen Scheune. Es war eine Party aus besonderem Anlaß. Der Chefchirurg des Veterans Hospital in Valley Forge hatte mich gebeten, sie für eine Gruppe von Kriegsveteranen zu veranstalten, die plastische Gesichtsoperationen hinter sich hatten. Die meisten von ihnen waren im Zweiten Weltkrieg durch Minen verwundet worden und hatten schwere Verletzungen in der unteren Hälfte des Gesichts davongetragen. Selbst wenn die plastischen Operationen erfolgreich verlaufen waren, hatten diese Menschen eine Scheu, sich in der Öffentlichkeit zu zeigen. Diese Party sollte ihnen Mut machen. Ich glaube, sie war ein voller Erfolg, nicht zuletzt, weil Lao Shê eine wunderbare Vorstellung des chinesischen Schattenboxens gab – in dem er so geschickt war, daß sein Auftreten einem wunderschönen Tanz, einem »pas de seul« gleichkam.
Mehr denn je fürchtete ich für ihn bei seiner Rückkehr nach China. Aber sein Heimweh war zu stark. Er kehrte zurück, er wurde sogar willkommen geheißen und erhielt einen hohen Posten in Peking. Aber er war in erster Linie Schriftsteller, nicht Beamter oder Politiker. Den Rest kann ich nur vermuten. Ich hatte ihn beschworen, mir nicht zu schreiben, um seiner eigenen Sicherheit willen, denn damals war das Verhältnis zwischen den Vereinigten Staaten und China sehr gespannt. Durch

Ein Schnappschuß von einer modernen Straße in Peking. Es ist die Tschang-an-Avenue, und die Nebenstraße heißt, wie man rechts lesen kann, Wang Fu-dsching Da Dschieh. Da ich den Namen der Avenue nur zufällig kenne und ihn nirgends lesen kann, weiß ich nicht, ob er mit »Langer Friede« richtig übersetzt ist. Aber wenn es so wäre, dann allerdings ist es eine amüsante und bezeichnende Ironie, daß hier ein Trupp Soldaten in Winteruniform marschiert.

Das große moderne Gebäude ist typisch für den plumpen russischen Stil. Ich erinnere mich, wie sehr ein junger chinesischer Architekt, den ich während seines Studiums in den USA kennengelernt hatte, davon enttäuscht war. Er kehrte aus Patriotismus nach China zurück, um an der Errichtung moderner, aber an die Tradition der wunderbaren chinesischen Architektur anknüpfender Gebäude teilzunehmen. Leider kam er nicht zum Zuge, wie so viele junge, talentierte, in Amerika ausgebildete Chinesen – mit Ausnahme der Kernphysiker – und lebt heute in selbstgewähltem Exil in einem anderen Land. Aber es ist erfreulich, auf der Tschang-an-Avenue an Stelle der früheren von Männern gezogenen Rikschas so viele Fahrräder zu sehen.

Vermittlung von Freunden erfuhr ich aber sein Schicksal: Die politischen Kontrollen wurden für ihn unerträglich, denn kein wirklich großer Schriftsteller kann unter Aufsicht des Staates schreiben. Er wählte den Freitod. Welcher Verlust für seine Nation.

...auch an seinen Tod erinnert mich der Brief auf meinem Tisch. Die stupiden, engstirnigen politischen Kontrollen vernichten jene Freiheit, in der allein ein schöpferischer Geist seine Gaben zum Nutzen für sein Land und für die ganze Welt entfalten kann...

Die Hingabe meiner Eltern an ihre Arbeit und die gewissenhafte Unterrichtung durch meinen Lehrer im Geist des Konfuzius haben nicht nur meinen Lebensstil geprägt, wie ich schon erwähnte, sondern meine ganze Persönlichkeit. So wuchs ich mit einer freudig aufgenommenen Verpflichtung heran. Ich war niemals eine Missionarin, wenn ich auch zeitweise an Missionsschulen unterrichtete, ebenso wie an staatlichen Universitäten in China. Statt dessen sah ich meine Verpflichtung darin, die Talente, die ich besaß, zu nutzen, und da ich von keiner Sache mehr verstand als von China, war es nur natürlich, daß ich den Wunsch verspürte, über die Chinesen zu schreiben. Ich hegte auch die Hoffnung, daß ich damit meinen amerikanischen Landsleuten helfen könnte, China besser zu verstehen. Das jedoch war nicht das Wesentliche, denn mir fehlt jegliches Sendungsbewußtsein. Mir kam es hauptsächlich darauf an, in meinen Büchern Tatsachen zu vermitteln, wie ich sie sah. Und da ich nun mal in China lebte, war mein Material chinesisch. Erst später konnte ich auch über mein eigenes Land schreiben, und in geringerem Umfang auch über andere Länder. Meine Bücher handeln von dem Leben, das ich gelebt habe.

...der Brief auf meinem Tisch kann nur von jemand geschrieben worden sein, der nie eine Zeile von mir gelesen hat. Wahrscheinlich hat der Schreiber überhaupt nichts anderes gelesen als »Das kleine rote Buch«. Ich habe es auch gelesen. Mir kamen Tränen bei dem Gedanken, daß dies das einzige Buch ist, das die meisten Chinesen lesen dürfen. Ihre eigene große Literatur, und erst recht die Weltliteratur, ist ihnen nicht mehr zugänglich. Ihre eigenen jungen Schriftsteller sind verboten. Das ist eine echte Verarmung. Man kann sich damit trösten, daß dies alles schon einmal da war und sich ändern wird, wie es sich immer wieder geändert hat. Fünfzig Jahre eines von außen oktroyierten Kommunismus – was ist das im Vergleich zu fünftausend Lebensjahren der chinesischen Nation! Im Augenblick starrt mir allerdings der Brief ins Gesicht. Dann muß ich lachen: er starrt mir zwar ins Gesicht, aber er erreicht nicht mein Herz. Ich lebe in einem freien Land, in meinem Land, und ich bin frei. Gestern bekam ich aus besonderem Anlaß ein Geschenk vom Präsidenten der Vereinigten Staaten. Es wurde mir von seiner Tochter überreicht, denn er selbst ist zur Zeit in Rußland. Aber er hat es bei seinem kürzlichen Besuch im »neuen« China gekauft als Beispiel für die Arbeit, die dort geleistet wird. Als ich es öffnete, fand ich ein Set fein lackierter Schachteln, eine immer kleiner als die nächste, und diese wiederum in einer kleineren Schachtel. Sicherlich steckte hinter diesem Geschenk nichts Besonderes. Aber für mich hatte es eine tiefe Symbolik: eine Schachtel, die wieder eine Schachtel enthält, jede mit ihrem Deckel, und so fort, bis die letzte so klein ist, daß in ihr nur noch was Platz hat? Nichts! Wirklich komisch.

...was hat das mit dem Brief zu tun? Es ist die Symbolik: Kontrolle – Kontrolle – Kontrolle und zum Schluß das große Nichts...

Um ein Haar wäre ich damals in die Falle gegangen. Denn ich habe China nur höchst widerwillig verlassen, um in ein Land zurückzukehren, das zwar mein eigenes ist, das mir aber doch fremd war. Wenn da nicht dieser engstirnige Kommunismus

gewesen wäre, den ich in totale Kontrolle ausarten sah, ich hätte es riskiert. Ich wäre in China geblieben. Vielleicht hätte ich sogar meine amerikanische Staatsbürgerschaft aufgegeben, wie es mein Freund Edgar Snow getan hat, um freien Eintritt nach China zu behalten. Ich gebe zu, daß ich in Versuchung war, 1943 der Einladung Tschou En-lais zu folgen und nach China zurückzukehren, um zu sehen, was die Achte Armee leistete. Wäre es nicht der russische Kommunismus gewesen, in dessen Sinn die Achte Armee marschierte, ich hätte die Einladung angenommen. Ich habe den Brief mit der Einladung noch. Ich habe mich auf ihn bezogen, als ich kürzlich an Tschou En-lai in seiner Eigenschaft als Premierminister der Volksrepublik China geschrieben habe, um ihm mitzuteilen, daß ich nun, nachdem der amerikanische Präsident China besucht habe, selbst gern das neue China kennenlernen würde, um mit meinen danach entstehenden Büchern einer neu erblühenden Freundschaft zwischen unseren Völkern zu helfen.
Ich erhielt keine Antwort, und das überraschte mich nun doch, denn Höflichkeit gehört zum Wesen des Chinesen. Aber amerikanische Freunde, die das neue China – noch vor dem Besuch unseres Präsidenten – kennengelernt haben, erzählten mir, daß heutzutage kein Chinese mehr einen Brief beantwortet. Na schön, jede Generation hat ihre eigenen Sitten. Und Höflichkeit vererbt sich nicht. Sie muß erlernt werden.
...Dieses unhöfliche Schreiben, das da offen vor mir liegt, ist eine Unverschämtheit, kein Brief. Es ist grob, uninformiert und unwahr. Offenbar hat sein Verfasser, irgendein untergeordneter Funktionär auf einem untergeordneten Posten, nie ein Buch von mir gelesen. Keines meiner Bücher ist heute in China zu finden, obwohl sie alle übersetzt und viel gelesen worden sind. Als »Die gute Erde« 1933 in China erschien, wurden mehr als zwanzig verschiedene Übersetzungen davon gemacht. Es waren natürlich alles Raubdrucke, und manche tru-

gen nur den Namen des Übersetzers. Mir war das gleichgültig. Hauptsache: meine Leser hatten Freude an dem Buch.
»Das einzige, was ich gegen dieses Buch einzuwenden habe«, sagte einst ein berühmter chinesischer Schriftsteller zu mir, »ist, daß ein Chinese es hätte schreiben müssen!«
... Ich merke, daß ich nach Trost für diesen brutalen Brief aus dem neuen China suche. Ich sollte keinen Trost brauchen und statt dessen Mitleid mit dem Volk fühlen. Kennt es noch seine eigene ruhmreiche Vergangenheit? Oder hat es in diesen Tagen der Unterdrückung durch einen fremden Imperialismus sein Kulturerbe vergessen? Die Tragödie der rotgardistischen Kulturrevolution besteht darin, daß ungebildete Politiker die Jugend Chinas verleiteten, ihr eigenes großartiges Erbe zu vernichten. Der Ruhm Chinas bestand in einer in Tausenden von Jahren erarbeiteten Zivilisation. Die Todsünde der jetzt lebenden Chinesen besteht darin, alle folgenden Generationen dieser Zivilisation beraubt zu haben.
Gerechterweise muß man einräumen, daß eine Umwälzung unvermeidlich war. Die Mandschu-Dynastie war am Ende. Die Missionare hatten westliche Ideen nach China gebracht. Studenten und Revolutionäre griffen diese Ideen auf, wie sie später den Kommunismus aus Rußland aufgriffen. Hinzu kam die hoffnungslose Kluft zwischen den Bauern und einer uninteressierten, hartherzigen intellektuellen Elite. Das war der Zündstoff, an den der Bauernführer Mao Tse-tung nur noch das Zündholz halten mußte. So konnte er sein Volk einem fremden und unbekannten System ausliefern, einem System, das allerdings schon oft in China ausprobiert worden war und immer gescheitert ist.
... aber bleiben wir bei den bösartigen Vorwürfen dieses Briefes. Lassen Sie sich gesagt sein, mein Herr Zweiter Sekretär der Chinesischen Botschaft in einem anderen Land, der Sie ihn verfaßt haben, daß ich den Kommunismus in China kenne. Ich

In der Provinz Kweilin findet man die von Wind und Regen der Jahrtausende zerklüfteten Berge, die die frühen chinesischen Maler so geliebt haben. Die alten Gemälde zeigen diese Berge meistens von Nebel umhüllt. Die steilen Felsen fallen jäh in unersteigbaren Wänden ab.
Das Setzen der Reispflanzen in der Mitte dieser einzigartigen Szenerie ist ein mir seit frühester Kindheit so vertrautes Bild, daß ich es selbst auf einer Fotografie nicht betrachten kann, ohne schmerzliche Sehnsucht zu verspüren. Die Zeit dafür ist Anfang Juni. Ich pflegte dann die Hügel hinabzurennen und mich den Bauern auf den Feldern anzuschließen. Es war eine Zeit harter Arbeit und großer Erwartungen. Der Reis wurde gepflanzt! Voller Hoffnung auf eine reiche Ernte.

weiß, worüber ich geschrieben habe. Ich habe es selbst erlebt. Ihr Brief ist eine Lüge. Oder Sie wissen nicht, wovon Sie reden...

Aber schließlich hat jedes Volk das Recht, sich die Regierung zu wählen, die es verdient. Allerdings ist jede Regierung höchstens so gut wie ihre Funktionäre. Das chinesische Volk wird seine Erfahrungen sammeln, und die Erfahrung wird es lehren, was es tatsächlich will. Vieles ist besser geworden im neuen China. Keiner muß hungern. Wie immer gibt es Privilegierte, die schlemmen können, aber das war niemals anders. Wenn niemand hungern muß, spielt es keine Rolle.

Es gibt Schulen für alle. Auch das ist gut. Jeder hat jetzt die Möglichkeit, lesen und schreiben zu lernen. Tschin Schih Huang, der große Einiger Chinas in der Zeit um Christi Geburt, hatte Angst vor den Intellektuellen und ließ sie ermorden. Er hatte Angst vor Büchern, weil Bücher die Menschen beeinflussen, weil sie subversives und selbständiges Denken begünstigen. Deshalb ließ er die Bücher verbrennen. Das neue China hat diese Tyrannei umgekehrt; das Volk lernt wohl lesen, aber was es liest, wird streng kontrolliert.

Ich habe kürzlich selbst die »neuen« Chinesen in New York besucht, nämlich die chinesische Delegation bei den Vereinten Nationen. Es war in der Tat sehr lehrreich. Ich war selbstverständlich angemeldet und erschien pünktlich, zusammen mit meinem Manager. Es handelte sich nicht um die Botschaft, denn soweit waren die diplomatischen Beziehungen noch nicht gediehen. Die Delegation wohnte in einem Motel, und danach sah es auch aus. Das Erdgeschoß war in eine große Lobby verwandelt worden, die in verschiedene Abteilungen aufgeteilt war.

Ein junger Mann schlenderte auf uns zu. Er trug einen grauen Baumwollpyjama und meldete unsere Ankunft mit lauter Stimme einigen jungen Männern, die ebenfalls dort herum-

lungerten. Wir setzten uns und warteten, und auch der junge Mann setzte sich, starrte uns an, legte die Beine übereinander und wippte mit dem Fuß. Ich trug wie gewöhnlich ein langes chinesisches Kleid aus Seidenbrokat. Er betrachtete es und sagte in gebrochenem Englisch zu mir: »Das ist altmodisch.«
Ich stimmte ihm zu: »Ja, ich bin sehr altmodisch.«
Er war verblüfft, dann lachte er und erklärte den anderen Männern, die uns ebenfalls anstarrten, auf chinesisch, ich sei altmodisch. Ich verstand natürlich, was er sagte, aber chinesische Freunde hatten mir empfohlen, nur Englisch zu sprechen, wenn ich nach China gehen wollte. In gewissem Sinne befanden wir uns hier in China, und darum tat ich so, als ob ich nichts verstehen würde.
Natürlich war ich brennend an allem interessiert, was ich da sah und hörte. Das also war das neue China. Natürlich wäre es früher undenkbar gewesen, an einem so wichtigen Platz solche Leute wie diese zu treffen. Ich kannte den chinesischen Botschafter in den Vereinigten Staaten, Hu Schih, sehr gut. Ich hatte chinesische Niederlassungen überall in der Welt besucht. Überall dort hatte man ruhige, selbstsichere, höfliche Beamte gefunden, achtungsvoll und würdig. Überall gab es bezaubernde Dekorationen aus Blumen oder Kunstgegenständen, und selbstverständlich wurde sofort heißer Tee serviert.
Hier gab es nichts als Konfusion und Müßiggang. Niemand arbeitete, jede Ordnung fehlte. Es herrschte zwar kein schlechter Wille, nur Neugierde und Grobheit. So etwas hatte ich in China höchstens in abgelegenen Provinznestern erlebt, wo noch nie ein Fremder aufgetaucht war. Dort wie hier konnte man dann unglaublich naive Kommentare mit anhören, wenn die Leute meinten, man verstehe sie nicht.
Nach einiger Zeit wurden wir zu der Frau geführt, mit der wir verabredet waren. Auch sie trug einen erdfarbenen Baumwollpyjama wie der junge Mann am Empfang. Vier rote Plastik-

stühle standen um einen niedrigen runden Tisch. Dekorationen irgendwelcher Art gab es nicht. Die Wände waren nackt, aber das kam wahrscheinlich daher, daß das Gebäude erst kürzlich erworben worden war. Der Tee wurde von einem gleichgültigen jungen Mann hingestellt. Ein anderer schmetterte ein paar Propagandabroschüren auf den Tisch. Dann verschwanden beide.

Die Beamtin wußte offenbar nicht, wie sie sich verhalten sollte. Aus Rücksichtnahme überließ ich es ihr, das Gespräch zu eröffnen. Sie sprach ein zögerndes, aber korrektes Englisch. »Sprechen Sie Chinesisch?« fragte sie. Ich hielt mich an den Rat, den man mir gegeben hatte, und antwortete, ich hätte seit Jahren nur Englisch gesprochen. Sie reichte uns einige Magazine: »Bitte, lesen Sie das sorgfältig.«

Ich nahm sie an mich.

»Sie wollen China besuchen?« fragte sie.

»Sehr gern«, antwortete ich. »Ich habe dort vierzig Jahre gelebt. Ich wurde schon als Kind von meinen Eltern dorthin gebracht und bin dort aufgewachsen. Jetzt gibt es, wie ich höre, sehr viel Neues in China. Ich würde gern all das sehen, was jetzt für das Volk getan wird.«

»Wir hier können das nicht entscheiden. Das wird alles in Peking entschieden.«

»Das weiß ich«, antwortete ich. »Aber ich habe folgendes Problem: ich werde heute von der ›Stimme Amerikas‹ interviewt. Was ich sage, wird in die ganze Welt ausgestrahlt werden. Mit Sicherheit wird man mich fragen, ob ich China besuchen werde. Was kann ich da sagen? Ich hätte gern Ihren Rat.«

Sie dachte angestrengt nach. Ihr glattes, nicht ganz schulterlanges Haar fiel ihr ins Gesicht. Dann antwortete sie: »Nur Peking kann entscheiden. Wir entscheiden nichts. Nichts – nur Peking.«

»Das verstehe ich sehr gut«, sagte ich. »Soll ich das sagen?« Sie dachte wieder nach. Dann sagte sie mit einiger Entschlossenheit, und dabei sah sie mich zum ersten Mal an: »Ich denke, Sie können sagen, daß Sie China besuchen werden, aber nicht, wann.«

»Vielen Dank, ich werde Ihrem Rat folgen.«

Es gab nichts mehr zu besprechen. Niemand hatte den Tee angerührt. Ich stand auf, und sie stand auf, und dann zeigte sie wieder auf die Magazine: »Bitte – sorgfältig studieren!«

Ich versprach es ihr, denn ich hatte nicht das Herz, ihr zu sagen, daß ich sie längst kenne. Sie werden mir regelmäßig per Post zugeschickt – ich habe keine Ahnung, von wem. Aber sie wollte ja auf ihre Art höflich sein. Sie begleitete mich im Fahrstuhl nach unten und dort bis zum Eingang. Beim Empfang standen immer noch die jungen Männer in ihren derben Anzügen herum, rauchten, lachten, schwatzten, lasen Zeitung. An der Tür machte sie halt. Was ist heutzutage in China korrekt? Verbeugt man sich tief, wie im alten China? Sie tat es nicht, und folglich tat ich es auch nicht. Wir gingen schweigend auseinander. Draußen regnete es, und ich beeilte mich, in meinen Wagen zu steigen.

Wenn ich an diesen merkwürdigen, wenig liebenswürdigen Besuch zurückdenke, fällt mir ein, daß ihr Gesicht sich nur einmal erhellte, als sie von Hangtschau, ihrem Geburtsort, sprach, als ich sie gefragt hatte, wo sie herstamme. Wir waren uns darin einig, wie schön es dort sei. Hangtschau war seit Jahrhunderten um seiner Schönheit willen berühmt, und meine Eltern besuchten es unmittelbar nach ihrer Ankunft in China, 1880, also fast vor einem Jahrhundert. Aber die Schönheit von Hangtschau ist hoffentlich unsterblich.

Als ich einem chinesischen Freund von dieser Visite erzählte, erklärte er mir, daß diese Frau in Peking in hohem Ansehen stehe. Ich war froh, sie gesehen zu haben. Jetzt verstehe ich, wie es aussieht, wenn Bauern versuchen zu regieren, anstatt regiert zu werden. Kein Wunder, daß sie nach einem modernen Muster Ausschau halten. Sie können einem leid tun. Ihre Aufgabe ist übermenschlich. Die größte Bevölkerung der Welt, die zweitgrößte Landmasse, die älteste Geschichte und ein moderner Lebensstil, der ihnen zwar noch fremd ist, zu dem aber Atomwaffen gehören. Es ist wirklich eine bedauernswerte Lage. Was sie brauchen, ist Zeit, Zeit und die Ruhe der Abgeschiedenheit. Aber keine Nation hat heute Zeit und Ruhe, und keine kann sich isolieren, China nicht und auch sonst niemand mehr.

Dieser Brief auf meinem Tisch. Ich frage mich, ob eine Anweisung von Tschou En-lai dahintersteckt. Es ist wohl mehr als wahrscheinlich. Dieser Mann vergißt nichts. Hinter seiner Brillanz und seiner Verbindlichkeit ist ein eisenharter Herrscher verborgen. Er ist heute der wirkliche Herrscher in China. Natürlich erinnert er sich genau an die Einladung, die er mir 1943 zukommen ließ, den Vorschlag, mein eigenes Land aufzugeben und in das kommunistische China zurückzukehren. Ich habe mich oft mit meinem alten Freund Edgar Snow darüber gestritten. Ich hatte ihn schon in China kennengelernt, wo er mich einst besuchte. Später traf ich ihn in den USA wieder, wo er mich dann in Pennsylvanien besuchte. Meine Kinder waren damals noch klein, und ich erinnere mich, wie ich an einem herrlichen Sommermorgen unter unserem Walnußbaum mit Edgar Snow diskutierte. Eine Schaukel hing dort, mein jüngster Sohn, der damals drei war, schaukelte, und ich gab ihm dann und wann einen kleinen Schubs. »Eines Tages werden Sie zwischen dem kommunistischen China und Ihrem Vaterland zu wählen haben«, sagte ich zu ihm.

»Dann bleibt mir keine Wahl«, antwortete er. »Ich bin Journalist, und meine Nachrichten werde ich, solange ich lebe, in China suchen.«

Tatsächlich gab er eines Tages sein eigenes Land auf. Er zog in die Schweiz und konnte frei nach China ein- und ausreisen. Es war eine traurige Ironie des Schicksals, daß er, kurz bevor Präsident Nixon nach Peking kam, starb. Seine Witwe, ihre Schwester und sein Sohn wurden kürzlich in Peking empfangen, und Tschou En-lai hat sich lange und sehr persönlich mit ihr unterhalten, wie sie berichtete.

Ich habe mein Land gewählt. Anders als Edgar Snow bin ich in China aufgewachsen und habe mein halbes Leben dort verbracht. Ich wußte wenig von Amerika und viel über China. Wenn ich als Berufsschriftstellerin überhaupt ein Motiv hatte, so war es das, meinem Volk ein besseres Verständnis für China zu vermitteln. Ich habe die chinesische Geschichte gründlich studiert, ebenso die Literatur und die Kunst. Ich sprach Chinesisch früher als Englisch, ich habe die revolutionären Wirren in China miterlebt und habe schließlich die Zukunft klar vorausgesehen. Die Amerikaner haben es nötig, etwas mehr über China zu lernen.

»Ich muß mich für mein eigenes Land entscheiden«, sagte ich an jenem Sommertag zu Edgar Snow. »Die Amerikaner haben mich nötiger als die Chinesen.« So gingen unsere Wege damals auseinander, und wir trafen uns nur noch selten.

Ich habe diese Entscheidung nie bereut. Ich glaube an die demokratische Regierungsform, sie ist eine wirkliche Volksregierung, die auf die großen Ideale der Menschheit gegründet ist.

...Während ich diese Seiten schrieb, hat der Brief irgendwie seinen Stachel verloren. Er interessiert mich nicht mehr. Die Wunde hat sich geschlossen. Die Unhöflichkeit muß man übersehen. Und deshalb kann ich jetzt diesen Brief zitieren, so wie er geschrieben wurde und wie er seit Tagen vor mir liegt. Hier ist er:

The Embassy of the People's Republic of China in Canada

May 17, 1972.

Dear Miss Pearl Buck,

Your letters have been duly received.

In view of the fact that for a long time you have in your works taken an attitude of distortion, smear and vilification towards the people of new China and their leaders, I am authorized to inform you that we can not accept your request for a visit to China.

Sincerely yours

(H. L. Yuan)
Second Secretary

Die Botschaft der Volksrepublik China in Canada
17. Mai 1972

Liebe Frau Pearl Buck,
wir bestätigen den Empfang Ihrer Briefe.
In Anbetracht der Tatsache, daß Sie während langer Zeit in Ihren Werken eine Haltung der Entstellung, der Beleidigung und der Verfälschung gegenüber dem Volk des neuen China und seinen Führern eingenommen haben, bin ich bevollmächtigt, Ihnen mitzuteilen, daß wir Ihrem Ersuchen, China einen Besuch abstatten zu dürfen, nicht entsprechen können.

Hochachtungsvoll
(H. L. Yuan)
Zweiter Sekretär

Epilog

Du mein geliebtes chinesisches Volk – geliebt wegen meiner Kindheit in China, wegen meiner chinesischen Jugendfreunde, die mich ein halbes Leben lang begleiteten! Ich spreche zu dir als ein Freund fürs Leben.

Du wirst noch viel zu erdulden haben, bis wieder eine klare und friedliche Zukunft vor dir liegt. Wenn der Kaiser stirbt, Mao Tse-tung, dann wird es wieder Bürgerkrieg geben, so wie es immer war, wenn ein Kaiser starb und kein Erbe da war, der seinen Platz einnehmen konnte. Dann wird es einen Kampf zwischen allen deinen Gebieten geben, einen Kampf der Regionen, bis der neue Kaiser gefunden ist. Und dieser Kampf um die Nachfolge wird, wie früher auch, zwischen den jungen Generalen ausbrechen. Sie warten in jeder Provinz deines Landes und bilden ihre Armeen für diesen Kampf aus. Armeen, die jeweils ihrem General ergeben sind, und nur ihm. Der Sieger in diesem Kampf wird dein neuer Kaiser sein, wie immer du ihn nennen wirst. Er wird das »Mandat des Himmels« verkörpern, weil du, Volk von China, immer vom »Mandat des Himmels« regiert sein willst. Und wie immer du dich selbst nennst, du wirst immer das »Volk des Mittleren Königreichs« bleiben, das Zentrum der Welt.

Ich werde dich nie wiedersehen und du mich nicht. Vielleicht wirst du lächeln, wenn ich dir sage, daß ich oft nach Taiwan eingeladen worden bin, aber nie eine solche Einladung angenommen habe, um deinen Herrschern keinen Vorwand zu geben, dies als politisches Bekenntnis auszulegen und mir einen

Besuch auf dem Festland zu verbieten. Aber das spielt nun auch keine Rolle mehr. Schon verhandelt der Sohn von Präsident Tschiang über die Rückkehr Taiwans ins chinesische Reich. Denn diese Rückkehr ist ja unvermeidlich, ob das Volk von Taiwan dies wünscht oder nicht.

Nein, ich werde dich nicht wiedersehen, geliebtes chinesisches Volk. Nie wieder wird mein Fuß deine Hügel, deine Dörfer, deine Städte betreten, die ich so gut kenne. Leider spielt auch das keine Rolle mehr. Ich bin für immer ein Teil von dir, und du bist ein Teil von mir. Du hast mich geformt, mich ernährt, du hast mich für immer geprägt.

Ein Teil von mir wird für immer bei dir bleiben. Meine Eltern liegen in deiner Erde. Sie haben ihr Leben mit dir und für dich gelebt. Selbst im Tode sind sie bei dir geblieben. Mit ihnen zwei Schwestern und zwei Brüder, die in früher Kindheit an Krankheiten starben, wie es sie in deinem Land gab. Nie haben sie Amerika, das Land ihrer Vorfahren, gesehen. Sie sind für immer ein Teil Chinas, wie ich, wenn ich auch in meinem Geburtsland lebe, wo ich, als einziges von sieben Geschwistern, geboren wurde.

Hier habe ich in Freiheit mein Werk vollbracht. Unermüdlich habe ich meinem amerikanischen Volk geholfen, dich, das chinesische Volk, zu verstehen, zu achten und auch zu lieben. Auch ich habe zum Besuch unseres Präsidenten in Peking mein Teil beigetragen, denn das Volk wollte, daß er dich besuchte. Es hegt keine feindseligen Gefühle gegen dich, wie verschieden auch unsere Regierungsformen sein mögen. Ich bin stolz darauf, sagen zu dürfen, daß ich durch mein Werk dazu beigetragen habe. Und ich werde auch in Zukunft dazu beitragen.

Alles, was China mir gegeben hat, seine Freundschaft, seine Schönheit, seine Aufregungen, seine Gefahren – ja ich und meine ganze Familie waren in Lebensgefahr, aber unsere chinesischen Freunde haben uns gerettet –, alle meine Erfahrungen

Chinesische Gesichter im neuen China. Von den beiden alten Männern trägt der eine den traditionellen altmodischen langen Rock des vornehmen chinesischen Herrn. Er trägt auch die altmodische Kopfbedeckung und einen Stock. Er scheint eine Persönlichkeit zu sein. Mit entschlossener Miene bahnt er sich einen Weg durch die jugendliche Menge, die er keines Blickes würdigt.

aus so vielen Jahren habe ich in meine Bücher eingebracht. Meine Bücher haben mich und dich mit mir weit über die Erde getragen. Ich bin deinetwegen stolz, daß ich der meistübersetzte Schriftsteller meines Landes bin, denn das heißt, daß auch du in aller Welt bekannt bist. Ich habe mit allen meinen Fähigkeiten für dich gesprochen. Ich bin stolz darauf, daß mir der Nobelpreis für »reiche und echte epische Darstellungen des Lebens der chinesischen Bauern« verliehen worden ist.
Ich war in aller Demut sehr glücklich, daß auch meine Eltern in dem Zusatz »und für Meisterwerke der Biographie« erwähnt wurden. Denn zu ihrer Zeit gehorchten auch mein Vater und meine Mutter dem »Mandat des Himmels«, das ihnen aufgetragen hatte: »Gehet hin in alle Welt!«
Auf meine Weise und zu meiner Zeit habe auch ich dem »Mandat des Himmels« gehorcht. Es sprach zu mir in den Worten des Konfuzius, die heute ebenso gültig und voll ewiger Wahrheit sind wie fünfhundert Jahre vor Christi Geburt, als er sie aussprach: »Unter dem Himmel sind alle gleich.«

Danby House
Danby, Vermont
30. Mai 1972